KB215534

히라와 히로타의 **일급비밀**

맨주먹으로 억만장자가 된

히라와 히로타의

일급비밀

히라 히데노부
히로타 야스유키 지음
지세현 옮김

들녘

내가 성공한 이유

'세상을 바꾸자!' 우리는 이러한 굳은 신념을 가지고 기업을 일으키지 않았다. 나는 20년간 몸 담았던 회사가 도산을 했고 야스유키는 하청업체를 하면서 빚을 졌기 때문이다. 다시 말해서 어쩔 수 없이 회사를 만들었다는 것이 솔직한 대답이다. 시작부터 누구나 납득할 수 있는 동기와 뜻을 갖지도 않았다. 사회공헌과 지역 발전 등은 생각해본 적도 없다.

기업을 일으킨 게 나는 7년, 야스유키는 6년이 되었다. 자랑은 아니지만 우리는 단기간에 사람들이 부러워할 만한 성과를 냈다. 사업은 지금도 계속 발전하는 추세다.

- 사원 1인당 매출 일본 1위(주택 부문)

- 1인당 연간 42개동 세일즈 기록

- 전국 2, 3, 4위 주택 세일즈맨 육성

- 6년 연속 우량법인

- 수억에서 수십억 엔의 매출을 올리는 회사 다섯 개를 성장시킴

- 인터넷으로 1시간에 1억 엔의 매출을 올림

- 세미나를 열어 700명이 넘는 사람을 모으고 매출 1억 엔 달성

- 3년 연속 경영수익률 25% 달성

- 뉴욕 맨해튼에 부동산, 통판 비즈니스를 하는 회사 설립

이것은 극히 일부에 지나지 않는다. 자기 자랑이라고 해도 할 말 없지만 사실은 사실이다.

고졸에 돈 없고 명성도 없던 평범한 사람이 일궈낸 기적 같은 성과다.

기업을 일으키는 붐이 일고 있다. 처음 얼마 동안은 순조로울 수 있다. 하지만 5년, 10년이 지나면 톱니바퀴가 어긋나기 시작한다. 판매에만 열을 올려 상품에 대한 클레임을 소홀히 하게 되고 마케팅 방법도 시대에 뒤떨어지게 된다. 사원 간의 불협화음, 2인자의 독립이나 하청업체의 배신 등 회사를 경영하는 한 수많은 장애물들을 뛰어 넘지 않으면 안 된다.

회사 경영은 역할 놀이 게임과 닮았다. GOAL(목표)을 결정하고 사장은 목표에 도달하기 위하여 부하들을 데리고 여행을 떠난다. 처음에는 순항을 한다. 그러나 곧 여러 가지 시련이 닥쳐온다. 손님이 줄고 라이벌의 역습이 따른다.

시련에 지면 게임은 끝이다. 시련을 하나씩 극복하는 사람만이 목표에 다가갈 수 있다.

장애물이 없는 게임은 재미와 감동은 물론 배울 것도 없다. 아무것도 없다. 일하는 의미도 없다. 따라서 지금 당신이 다양한 문제에 직면해 있으면 그것 자체가 공부고 기회라고 생각하라. 커다란 목표를 정하고 도전하기 때문에 일하는 보람과 기쁨이 주어진다고 생각하라.

"커다란 도전을 할 수 없는 것은 죽음과 똑같습니다." 히로타는 말한다.

나 역시 그와 같은 생각이다. 그것이야말로 살아 있다는 증거이기도 하다.

이 책에서는 시련을 이겨내고 성공을 손에 넣을 수 있는 열쇠에 관하여 말한다. 결코 탁상공론은 하지 않는다. 이 책에서 공개한 모든 것은 우리가 경험한 내용과 거금을 들여 세상에서 성공한 사람들에게 배운 실천 방법이다. 우리가 겪었던 이야기들을 풍부하게 인용했다. 가볍게 웃어넘길 만한 것부터 "정말이야?" 하고 놀랄 만한 내용까지······.

성공법칙 같은 것은 없다고 말하는 사람도 있다. 어쩌면 그 말이 맞을 수도 있다.

그렇지만 우리가 성공한 이유는 분명히 존재한다. 법칙이라고 할 정도의 대단한 방법은 없지만 우리가 성공해서 풍부하고 자유로운 시간을 가질 수 있었던 이유는 성공한 사람—그 중에서도 억만장자의 사고방식과 마케팅 방법을 습득했기 때문이다. 우리는 지금도 현역에서 뛰고 있다.

　우리가 성공해온 '돈 버는 사고방식'이 당신에게도 도움이 되길 바란다.

히라 히데노부

하나면 충분하다

이 책은 마케팅에 관한 내용을 다루고 있다. 그러나 구체적인 마케팅 기법은 책 어디에도 나와 있지 않다. 이 책은 교과서에서 가르쳐주지 못했던 성공한 사람들의 에피소드를 가볍게 다루고 있다. 비즈니스로 성공하여 많은 돈을 번 사람은 평소 어떤 일을 하고 어떤 생각을 할까. 억만장자들의 생활 속으로 깊숙이 들어가보자.

오늘날 마케팅 업계의 문제는 정보가 없는 게 아니라 너무 많은 정보에 휘둘리는 것이 아닐까? 우리는 그렇게 생각한다. 어쨌든 정보가 너무 넘친다. 새로운 마케팅 노하우와 세미나 DVD, CD 그리고 교재. 잡지나 웹사이트를 보아도 무수히 쏟아지고 있다. 어떤 것이 좋은 정보인지 알 수 없을 정도다.

성공한 우리들도 여전히 세미나에 참석하고 있다. 하지만 마지막까지 자리를 지키지 않고 중간에 나와버린다. 중간에 나오려고 하면 세미나 주최자들은 인상을 찌푸리곤 한다. 그렇지만 우리가 중간에 빨리 나오려고 하면 할수록 그 세미나는 최고라는 뜻이다. 다시 말해서 그것은 다음과 같은 의미다. 우리는 '대단하다'고 생각하는 순간 한시라도 빨리 행동으로 옮기고 싶어 한다. 그 뒤의 이야기를 계속 듣고 있으면 메모를 해두더라도 오히려 순간적으로 받은 충격이 퇴색되게 마련이다. 그러면 행동으로 옮기기가 어려워진다. 따라서 빨리 세미나 장을 빠져 나와야 한다.

우리는 한 번에 많은 깨달음을 얻으려고 하지 않는다. 하나! 그저 하나만으로 족하다.

성공하는 사람은 '하나면 충분하다!'고 생각하고 바로 행동으로 옮긴다. 한 가지를 행동하고 그 다음은 순서대로 실행하면 그만이다. 이러한 행동이 쌓인 결과물이 바로 성공이다. 원래 할 수 있는 일이란 그렇게 대단한 게 아니다.

동시에 여러 가지를 하겠다고? 말도 안 된다. '이것도 하자, 저것도 하자'생각하면 도리어 간단한 것조차 할 수 없다. 이것이 가장 좋지 않은 방법이다. 성공하지 못하는 전형적인 패턴이다.

해야 할 일이 너무 많다 ▶ 할 수 없다 ▶ 스트레스

우리 주변에는 이렇게 생활하는 사람들이 의외로 많다. 다시 한 번 강조하지만 '단 한 가지'면 충분하다. 책을 읽을 때 '이거 괜찮다!' 생각되면 그 페이지를 찢어서 갖고 다니며 실천하면 좋다. 다음 내용은 필요할 때 계속 읽으면 된다.

새로운 정보와 마주치면 그 중에서 당신이 곧바로 할 수 있는 하나를 찾아보도록 하라. 그리고 그것을 한 다음에 할 수 있을 것 같은 다른 노하우를 찾아보면 된다. 이 책에서 당신이 한 가지라도 도움이 되는 내용을 얻을 수 있다면 그것으로 우리는 만족이다.

억만장자의 사고방식

과거를 바꾼다.

이런 일이 가능할까? 물론 가능하다.

식은 죽 떠먹는 것보다 쉽다. 결국 과거는 영원히 자신의 것이다.

놀림 받은 기억, 다른 사람에게 이야기할 수 없는 실패,

다시 떠올리기 싫은 경험 모두를 자신의 자산으로 만들어

성공하는 방법이 있다.

"성공도 없다. 실패도 없다. 있는 것은 오로지 사고방식뿐."

말 그대로 머릿속에서 생각하는 것들이 현실이 된다.

보통 사람인 내가 어떻게 성공했을까.

내가 가르친 제자들이 어떻게 몇 년 만에 억만장자가 되었을까.

미래를 황금색으로 바꾸는 방법에 대하여 이야기해보자.

_ 히라 히데노부

Chapter 1

맨주먹에서 시작하다

중졸이라도 해낸다

"소금 뿌려라!"

히로타는 실제로 고객이 그런 말을 하며 던지는 소금 세례를 받은 적이 있다. 이타마에 씨는 한 손에 식칼을 들고 그렇게 외쳤다. 이십 여 년 전 히로타는 계란 배달을 했다. 당시 어린 나이라고 해서 삶은 계란을 구별 못해 소금 세례를 받은 것은 아니었다. 히로타가 배달한 계란 탓으로 이타마에 씨의 식당에 식중독 사건이 일어났기 때문이다.

여름날의 계란 창고는 굉장히 지독한 냄새가 난다. 어디선가 계란 몇 개가 썩고 있음에 틀림없다. 하지만 썩은 계란 모두를 찾아내기란 여간 어려운 일이 아니다. 냄새가 이미 모든 창고 안에 배어 있기 때문이다. 그래서 그냥 그 상태로 배달을 나간다. 그렇게 배달된 썩은 계란 때문에 이타마에 씨의 식당은 1개월 영업 정지를 먹었다. 그 일은 가게 앞에 붙은 안내문과 신문을 통해 히로타도 이미 알고 있었다.

식당이 다시 문을 열었을 때 히로타가 "미안합니다. 고생이 많으셨겠습니다!" 하고 말하며 들어섰다면 이타마에 씨는 어쩌면 그렇게까지 화를 내지 않았을지도 모른다. 하지만 히로타의 첫마디는 "매번 감사합니다!"였다. 당연히 가게 사람들은 불같이 화를 냈다.

"필요 없어! 네가 배달한 계란 때문에 우리가 얼마나 고생했는줄 알아! 네 놈 얼굴은 꼴도 보기 싫다! 두 번 다시 오지 마! 소금 가져와라!"

성난 가게 사람들에게 둘러싸인 히로타는 소금 세례를 받으며 쫓겨났다.

히로타는 중학교를 졸업한 후 열두 가지 직업을 전전했다. 어디에도 정착하지 못하는 쓸모없는 젊은이였다. 나도 변변찮은 고졸 출신으로 20년 동안 건축 현장에서 일했다. 그러나 인생이란 불가사의해서 지금은 억이 넘는 연 수입을 올리고 이렇게 책도 쓰고 있다.

우리의 과거는―지금이 있기 때문에―좋은 경험이었다고 말할 수 있다. 보통 사람이었던 나, 그리고 보통이라고도 말할 수 없었던 히로타. 우리의 인생이 황금색으로 바뀌었다고 말해도 과언이 아니다. 당신이 지금까지 어떠한 경험을 했는지는 모르겠다. 우리보다 훨씬 심한 어려움을 겪었을 수도 있고 그렇지 않을 수도 있다. 하지만 지금 말할 수 있는 한 가지 사실은 과거를 어떻게 채색시킬까는 현재의 당신, 앞으로의 당신이라는 점이다.

지금까지의 인생에 무엇이 있었는지는 아무 관계가 없다. 모든 것은 지금부터다. 지금, 이 순간부터.

지금 당신의 결단이 과거를 바꾸고 미래의 당신을 만든다.

현장에서 얻은 힌트

이 책을 읽고 당신이 성공할 수 있을지 여부를 우리는 모른다. 그렇지만 분명히 해둘 것은 우리는 치어리더가 아니라는 사실이다. 여전히 현역에서 일하고 있는 사업가이기 때문에 실제로 돈을 벌어 본 적이 없는 전문가들이 이야기하는 말과는 차원이 다르다.

이 책은 단 한 번도 필드에 서보지 않고 단지 "파이팅!"을 외치는 치어리더 같은 컨설턴트가 쓴 책과는 다르다는 뜻이다. 우리는 지금도 사업으로 돈을 벌고 있다. 바꾸어 말하면 현역에서 뛰는 전사라는 뜻이다. 실제 우리는 비즈니스 전장에서 무수히 싸우고 승리를 쟁취해왔다.

만약 당신이 지금 전장으로 나가려고 한다면 '총알을 맞지 않는 안전한 곳에서 응원하는 치어리더'와 전장에서 싸우는 '역전의 용사' 중 어느 쪽 이야기를 듣고 싶은가.

우리도 치어리더를 보고 싶어 한다. 그러나 그것과 이것과 는 별개의 이야기이다. 이 책에 대단한 내용이 써 있지는 않 다. 기껏해야 중졸의 실패자와 고졸의 보통 사람이 쓴 것에 불과하다. 그렇지만 우리는 실전 비즈니스 전장에서 수많은 경험을 쌓았다. 이 책을 통해 당신이 조금이라도 용기를 얻고 힌트 하나라도 얻을 수 있다면 보람을 느끼겠다.

이것이 부자의 생활이다

'부자가 되면 어떤 생활을 할 수 있을까?'

예전에 우리는 그런 생각을 했다. 연 수입 500만 엔 정도 시절 이야기이다. TV나 다른 사람을 통해 연 수입 1000만 엔 이 넘는다는 이야기를 들으면 가슴이 뛰고, 연 수입 수천만, 수억 소리를 들으면 상상조차 되지 않았다. 다른 세계 이야기 같았다.

'1억의 수입이 있는 사람이 매월 백만 엔씩 쓴다고 해도 수백만이 남는데 그것을 다 어떻게 쓰지?'

하지만 의외로 그렇지가 않다. 세금도 있고…… 예전에는 세금 문제를 생각하지도 않았지만 그것은 우리의 수입이 적 었기 때문이다. 히로타의 경우는 정부보조금을 받아서 사는 입장이었다.

'억만장자는 매일 프랑스 요리 같은 것만 먹고 운전수 딸린 차에 비행기도 일등석을 타고…… 돈을 종이처럼 사용하겠지!' 생각하는 정도였다.

실제로 억이 넘는 수입이 들어오면 현실은 대략 이렇다. 히로타는 매일 아침 너무 바쁜 나머지 식사를 거른다. 점심은 가까운 요시노야 같은 데서 덮밥 곱빼기에 된장국이다. 저녁은—보통 밤 2시쯤—아직 먹지 못했다. 무슨 말을 하고 싶은가 하면, 이 정도로 생활에 변화가 별로 없다는 말이다. 운전은 지금도 직접하고(좋아하고) 바빠서 술 마실 시간도 없다. 먹는 것도 요시노야에서 라면이나 카레가 고작이다. 그러나 단 한 가지 180도 변한 게 있다.

이전의 우리는 돈을 받기 위해 일했다. 히로타의 예를 들어보겠다.

싫고 이해가 안 되는 점이 있어도 머리를 조아리며 일했다. 싫어하는 상사에게 "넌 안 돼. 자식아!"라는 소리를 들어도 참아냈다. 일요일 저녁이면 '아! 내일이 월요일인가, 일해야 하는구나!' 생각하며 언제나 마음이 무거웠다. '쉴까, 아니면 다 때려치울까!' 늘 그런 고민에 시달렸다.

매일 아침 일어나는 일도 고통이었다. 저혈압 때문에 아침에 일어나기 어렵다고 가족에게 하소연도 해봤다. 하지만 혈압을 재보면 정상이었다. 아무튼 히로타는 매일 아침 이불 속에서 어떻게든 쉴 이유를 만들어내려고 고민했다. 친척들의 장례식 핑계를 셀 수 없이 댔다. 연약한 인간이라는 비난을 받아도 그런 방법이 가장 편했기 때문이다. 그렇게 핑계를 대고 때때로 쉬면서도 쫓겨나기 싫어 열심히 출근은 했다.

지금은 그런 것들이 깨끗이 사라졌다. 우리는 지금 하고 싶은 일을 하고 있다. 싫은 것을 할 필요가 없다.

하고 싶은 일을 하기 때문에 취미생활이나 다름없다. 낚시를 좋아하는 사람은 아무리 아침 일찍 일어나도 힘들지 않다.

돈을 벌어서 가장 좋은 점은 돈을 받기 위해 일하는 것이 아니라 돈을 벌기 위해 일한다는 사실이다. 일은 고통스러운 작업이 아니라 즐겁고 보람 있는 것으로 바뀌었다. 일은 취미가 되었고 자아실현인 동시에 도전이 되었다.

우리가 현재 일하는 것은 일을 하고 싶기 때문이다. 그만두고 싶으면 내일이라도 당장 그만둘 수 있다. 언제나 스스로―지금 당장이라도― 모든 것을 결정할 자유를 얻는 것이 돈을 버는 이유라고 생각한다.

〈나무꾼과 감나무〉 이야기

우리의 성장 과정은 결코 순탄치 않았다. 히로타의 아버지는 교육열이 높아 말썽만 피우는 그를 나무에 매달거나 몽둥이로 두들기곤 했다. 끓는 약탕기로 맞은 적도 있다.

히로타는 얼굴 반이 시커멓게 그을리고 어금니 두 개가 부러져 아버지에게 병원비를 타내기도 했다. 불행한 시절이었다. 아버지는 마지못해 돈을 내주었다. 히로타의 아버지는 6억이라는 빚을 지고 도산했는데 이것이 히로타를 사나이답게 만들었다. 어쩌면 아들을 강인하게 단련시키려는 아버지의 회초리였을 수도 있다.

여담이지만 히로타의 아버지를 주인공으로 한 소책자를 만들려고 한 적이 있다. 이름하여 〈나무꾼과 감나무〉. 도끼자루를 휘둘러 히로타를 키웠기 때문에 이런 제목을 붙였다. 도끼자루에 맞는 건 어땠을까. 그런데 히로타가 매달린 나무는 감나무가 아니었다. 감나무 가지는 쉽게 부러지기 때문이다. 하지만 나무꾼과 어감이 어울려 감나무로 하는 게 좋지 않겠냐고 내가 조언했다. '아버지는 엄했지만 어머니는 정이 많아 아이는 삐뚤어지지 않고 성장했다'는 내용이다. 대하드라마를 연상시키는 이야기. 그러나 지나치게 과격하고 웃을 수 없는 내용이 많은 데다 히로타가 특별히 올바로 큰 것도 아니라서 중간에서 그만두었다.

성공을 위한 정신력

돈이 없는 생활은 비참하다. 아이가 아파도 돈이 없으면 병원에 갈 수 없다. 큰 병일 경우 목숨이 왔다 갔다 할 수도 있다.

지금도 세상에는 돈이 없어 병원에 못가고 죽는 사람이 한둘이 아니다. 또한 당신의 친구나 아는 사람이 곤란에 처해 있는데 당신이 그들을 도와줄 수 있는 능력이 있다면 얼마나 멋진 일인가. 우리는 소중한 가족과 친구들을 지키기 위해서라도 필요한 돈을 가져야 한다. 그렇지만 돈만 있다고 행복하지는 않다. 돈을 갖게 되자, 게으름을 피우며 배우지 않는 사람들이 있다. 대부분의 사람들이 그렇다. 방탕하게 놀다 가정을 파괴하고 결국 불행해지는 사람들이다.

계속 돈을 버는 일도 쉬운 일은 아니다. 돈을 벌면 벌수록 다음 단계로 올라가기 위한 공부를 해야 한다. 끊임없이 변화하지 않으면 안 된다.

공부해야 할 분야는 점차 늘어나고 돈도 많이 든다. 돈을 벌어 유명해지면 모양새가 좋아진다. 이야기도 잘 통한다.

다른 사람이 하면 안 될 일도 '당신이라면' 가능하다고 말해 주는 사람도 늘어난다. 하지만 반드시 좋은 일만 생기지는 않는다. 나는 DVD를 빌리지 않는다.

"히라 선생님은 한 번밖에 안 보는데 너무 아까워요."

"그래도 억만장자가 렌탈이라니 좀 폼이 나지 않잖아."

그래서 DVD도 빌릴 수가 없게 된다. 야한 내용이라면 더 말할 나위 없다. 유명해질수록 중상모략도 많아진다.

나에 대해 아는 사람이 늘면 늘수록 당연히 플러스, 마이너스 양쪽의 소리가 늘어난다. 이치로나 마츠이 선수처럼 수

많은 사람에게 꿈을 던져주는 스포츠 선수조차 중상모략을 받는다. 한 번도 만난 적이 없는 사람이 내 일을 마치 본 듯이 생생하게 이야기한다. 좋은 이야기는 즐겁다. 이런 일을 하게 돼서 얼마나 행복한지 모른다고 생각하는 순간도 있다. 반면 안 좋은 소리는—그것이 단순히 질투와 시기일지라도—사기를 떨어뜨린다. 유명해지면 질수록 그런 것들에 초연해질 수 있는 정신력이 필요하다. 성공을 하면 당신도 그런 것들과 싸워야만 한다.

히로타가 잡은 역전의 찬스

주택회사를 경영하는 한편 비용절감 노하우를 지도하기 위해 전국 투어 세미나를 연 적이 있다. 당시 히로타는 고향에서 하청업체를 경영하고 있었다.

하청업체 일이란 게 괴롭기 짝이 없다. 비용은 늘 깎이고 경기가 나쁜 것조차 하청업체 탓으로 돌리기 일쑤다. 히로타의 회사도 예외는 아니었다. 히로타는 원청업체 사장이 마음에 들었기 때문에 비용이 깎여도 견뎌냈다. 자신들의 급료를 줄이면 된다고 생각했다. 자금 사정은 나날이 악화됐지만 빚을 내가며 꾸려나갔다. 그러나 매일 아침 7시부터 밤 한두 시까지 열심히 일했지만, 매출이 줄어드는 것을 히로타의 탓으로 떠넘길 때는 견딜 수 없이 고통스러웠다.

그럴 즈음 히로타에게 새로운 만남이 찾아왔다. 내가 열었던 전국 투어 세미나에 참석했던 히로타는 회사로 돌아가 당시 전무로 일하던 고바야시에게 물었다. "우리 독립할까?" 고바야시는 즉답을 해왔다. "한번 해봅시다!"

히로타가 원청업체로부터의 독립을 결심한 것은 불과 십여 초. 그제야 고바야시도 똑같은 딜레마에 빠져 있었다는 사실을 알았다. 이 결단이 히로타의 인생 그리고 현재 히로타가 경영하는 주택회사 사장인 고바야시의 인생과 관련된 모든 식구들의 운명을 바꾸었다.

나는 성공했다고 말할 수 있을지 모릅니다. 하지만 나 말고 다른 어떤 사람이 히라 선생님의 제자로서 성공했다고 해도 절대 이상한 일이 아닙니다. 왜냐하면 처음 히라 선생님을 만난 그 세미나에는 200명이 넘는 주택회사 사장들이 모여 있었기 때문입니다. 다른 사람들에게도 기회는 똑같이 주어졌습니다. 히라 선생님은 이미 유명해져 있었거든요. 가르쳐 주세요. 제자로 받아 주세요. 그런 부탁은 누구에게나 가능했습니다. 나 같은 사람이 성공할 수 있었으니 다른 사람도 얼마든지 성공할 수 있었습니다. 누군가가 지금 내가 있는 이 자리에 있어도 하나도 이상한 일이 아닙니다. 그러나 나와 그들과의 차이는 단 하나입니다. 그날 제자로 받아줄 것을 원한 사람은 나 혼자였습니다.

히로타는 내가 주최한 다른 세미나에서 위와 같이 말했다. 기회는 누구에게나 온다. 매일 머리 위를 지나쳐 간다. '하룻밤 새 대성공Overnight Success.' 정말로 이런 일이 있다. 대부분의 사람들이 도전에 둔감해 기회를 잡으려 하지 않을 뿐이다. 히로타에게만 기회가 주어진 것은 아니다. 찬스는 다른 사람들에게도 평등하게 찾아온다.

인생은 되돌릴 수 없다

인생에서 결코 다시 되돌릴 수 없는 것이 무엇일까. 어떠한 부자와 권력자라도 한번 실패하면 그것으로 끝나는 일이 있다. 그게 무엇일까? 돈일까? 1억을 갖고 있다가 잃어도 다시 벌면 그만이다. 아니면 가족일까? 이혼했다가도 다시 행복한 가정을 꾸릴 수 있다. 그러면 건강일까? 건강도 수술하면 다시 고칠 수가 있다. 그렇다면 과연 무엇일까?

그것은 바로 시간이다. 절대 되돌릴 수 없는 것은 바로 시간이다. 돈은 다시 벌면 그뿐이다. 친구는 다시 만들면 된다. 하지만 시간만은 모든 사람에게 평등하다.

지금 이 순간도 우리는 잃어버리고 있다. 당신이 가장 소중하게 여겨야 할 것은 우리에게 주어진 시간이다. 시간을 조금이라도 우리에게 유리하게 사용한다면 모든 인생은 보다 풍요로워진다.

당신에게 주어진 한정된 시간을 적절하게 사용하기 위해, 자신의 인생 시계를 제대로 돌리기 위해 지금이라고 생각하는 순간 행동으로 옮겨야 한다. 우리가 만났을 때처럼.

억만장자의 마인드 세트

히로타는 항상 내 흉내를 내며 살았다. 마케팅 기법부터 매일매일의 스케줄까지. 내가 차를 사면 다른 색깔의 똑같은 차종을 샀다. 만년필도 가방도 옷도 같은 가게에서 샀다. 그는 나와 똑같이 행동하는 것이 성공의 지름길이라고 말했다. 그렇게 행동하면서 히로타가 느낀 점은 '성공하는 사람은 성공하는 사람의 사고방식을 갖고 있다'는 사실이다.

마케팅 기법과 가방이나 차가 중요한 게 아니라 가장 가치 있는 것은 '똑같은 사고'를 하게 됐다는 점이다. 이것이 가장 중요하다.

이러한 마음가짐, 사고방식, 결의와 각오 등 모든 것을 우리는 마인드 세트라고 부른다. 우리가 성공할 수 있었던 요인은 성공하기 위한 마인드 세트를 가질 수 있었기 때문이다. 마인드 세트만 갖출 수 있다면 곤경에 처했을 때나 비즈니스 현장에서 해결책을 못 찾을 때 등등 어떠한 상황에서도 해답이 나온다.

사람이 '다른 사람을 바꾸는' 일은 어렵다. 인간이 환경이

나 세계를 바꾸기도 쉽지 않다. 자신을 바꾸는 것은 오로지 자기 자신이다. 그리고 스스로가 바뀌면 주위의 사람이나 환경도 바뀌어간다. 자기 자신을 바꾸는 것이 마인드 세트이다. 바꾸지 않는 것도 역시 마인드 세트.

바꿀 것인가 바꾸지 않을 것인가는 바로 당신에게 달려 있다. 우리는 자유롭고 풍요로운 생활을 손에 넣었다. 그것을 가능하게 한 지식, 마음가짐, 경험 등 성공하기 위한 모든 마인드 세트는 내 안에 있다. 누구도 빼앗을 수 없다. 그 마인드 세트의 비밀을 이 책에서 조금이라도 여러분에게 전달하고 싶다. 한번 가지면 일생동안 당신과 함께 갈 보물이다. 당신은 재가 될 때까지 그 마인드 세트를 평생 동반자 삼아 가게 될 것이다.

발버둥 치기 때문에 번데기는 나비가 된다

새로운 것을 익히기 위해서는 노력하는 과정이 필요하다. 여기 그런 교훈을 주는 우화가 있다. 〈나비가 되지 못한 번데기 이야기〉가 그것이다.

번데기란 나비의 유충이다. 한 마리의 번데기가 있었다. 한 아이가 번데기를 발견했는데 그 번데기는 껍질을 깨고 밖으로 나오려고 몸부림을 치고 있었다. 나비가 되기 위한 과정이었다. 아이는 흥미를 갖고 번데기를 지켜보았다. 10분, 20

분 계속 번데기를 관찰했다. 그러나 번데기는 좀처럼 껍질 밖으로 나오지 못했다. 껍질이 단단했는지 아무리 열심히 몸부림치며 노력했지만 허사였다.

아이는 번데기가 애처로웠다. 그래서 가방에서 가위를 꺼내 번데기 껍질을 깨주었다. 그랬더니 번데기는 보다 수월하게 밖으로 나올 수 있었다. 하지만 어딘지 이상했다. 나비가 나와야 할 텐데 날개가 우굴쭈굴 구겨져 있었다. 몸뚱이는 크게 부풀었지만 아직 나비가 아니었다. 날개가 작고 몸은 컸다. 날 수가 없었다.

결국 나비가 될 수 없었던 번데기는 엉금엉금 기어 그 자리를 떠났다.

아이는 나비를 구해주고 싶었다. 그래서 가위로 껍질을 깨주었다. 그러나 나비에게는 아무런 도움도 되지 못했다. 일생동안 날 수 없는 몸이 되어버리고 말았다.

나비는 껍질에서 나올 때 몸부림침으로써 날 수 있게 된다. 몸뚱이에 있는 양분을 날개로 옮겨 날개를 키우는 과정이 필요했다. 아이는 그 과정을 빼앗은 것이다. 껍질 속에서 열심히 몸부림치면서 날개를 키우고 몸통을 작게 하여 비로소 날 수 있게 만드는 것이다.

이 '탈피'의 과정은 굉장히 고통스럽다. 그러나 가장 중요한 작업이다. 고통스럽다고 포기하지 말고 무조건 나아가기 바란다.

무엇인가를 처음으로 얻기 위해서는 괴롭더라도 나비가 되어 자유롭게 날 수 있는 과정이라고 생각하자. 그 결과 얻어지는 부산물은 실로 엄청나다.

우리도 몸부림쳐서 지금의 결과를 얻었다. 나는 구급차에 실려 다섯 번이나 응급실을 들락거렸다. 새하얗게 재가 될 때까지 일하는 것이 내가 정한 규칙이기 때문이다.

만일 당신에게 비슷한 시기가 닥쳐온다면 자신에게 기회가 왔다고 생각했으면 좋겠다. 당신은 날개를 키워 날 수 있게 될 것이다.

지금부터 전하는 성공하기 위한 과정은 간단한 것도 있지만 고통이 동반되는 것도 있을 수 있다. 물론 그만두고 싶을 때도 있을 것이다. 그렇지만 당신이 지금부터 경험하는 고통과 노력은 '몸부림' 그 자체이고 그 행위는 당신이 크게 날기 위한 과정이라고 생각하자. 이 점을 잊지 말자.

Chapter 2

결단을 내리다

화려한 점심

긴자에서 인터뷰를 마친 뒤의 일이다. 때마침 점심때가 되어 식사를 같이 하기로 했다. 히라는 그 자리에서 "여기로 합시다" 하더니 간판도 보지 않고 가게로 들어가려고 했다.

"히라 선생님! 거기 에르메스예요. 식당 아니예요." 내가 황급히 말렸다. 그곳은 화려한 브랜드숍이었다.

말도 안 되는 이야기라고 생각하는 사람도 있겠지만 말 그 대로 사실이다. 그렇지만 한두 번이 아니다.

성공하는 사람은 결단이 빠르다. 망설임이 없다. 언제나 주저 없이 모든 것을 결정한다. 성격 탓일까? 처음에 나는 그 렇게 생각했다. 그러나 히라는 "나는 늘 신중히 생각해서 결단을 내리는 사람이야'라고 말한다. 그러면 왜 결단이 빠른 것일까? 이유는 간단하다. 그렇게 스스로 결정할 뿐이다.

히라는 식당에서 자리에 앉으면 우선 메뉴를 정하고 3초 이내에 음식을 주문한다. 사람들은 보통 '카레로 할까 햄버거로 할까' 하면서 망설이지만 히라는 언제나 3초 안에 결정을 내린다. 그리고 일단 결정하면 '다른 음식이 더 맛있어' 라는 생각은 절대로 하지 않는다.

반면 나는 햄버거를 시켰으면 '역시 카레도' 하는 생각이 들어 추가 주문을 한다. 나는 아직 멀었다.

히라는 한번 결정하면 후회하거나 주저하지 않는다. 모든 것을 머릿속에서 지워버린다. 자신이 주문한 것을 잊어버리고 내가 시킨 음식을 먹는 일도 있을 정도다. 평소 망설이면 결단력을 가질 수가 없다.

미련을 남기는 일은 금물이다. 미련이 남으면 중요한 결단의 순간에도 주저하게 된다. 어떠한 상황에서도 곧바로 결정할 수 있도록 일상생활에서 연습을 해두어야 한다. 성공하기 위해서 첫 번째로 기억해야 할 내용이다.

무엇인가를 판단할 시점이 되면 즉시 결단을 내린다. 목표를 정하면 절대로 망설이지 않는다. 가능할 것 같지만 쉽지 않다. 히라는 그것이 가능했기 때문에 성공한 것이다.

히로타, 1억 엔의 수입을 올리다

내가 1억 엔의 수입을 올렸을 때 일이다. 1억이라니, 이 이상은 올릴 수 없다고 생각했기 때문에 이것이 내 한계라고 만족했다. 어느 날 나는 이야기 도중에 히라에게 이렇게 말했다.

"히라 선생님! 무리예요. 1억 이상의 수입을 올리다니……그런 건 바라지도 않아요. 지금으로 충분합니다."

"알았어요. 그렇다면 사제 관계는 오늘부로 끝내지요."

"잠깐만요. 왜요? 1억으로는 안 됩니까?"

"1억이라서 안 된다고 하지 않았어요. 욕심이 없는 히로타 씨에게는 더 이상 가르칠 것이 없기 때문입니다."

욕망을 갖는다는 것은 굉장히 중요한 일이다. 그 욕망 자체가 당신에게 비전을 제시하고 당신을 성공으로 이끌어준다. 비전이 없으면 다음 도전으로 나아갈 수 없다. 나는 히라에게 그런 가르침을 받고 끊임없이 욕망을 갖기로 결심했다.

목표를 지켜라

히라는 '비도덕적인 마케팅'이라는 말을 자주 사용한다. 〈비도덕적=도덕적이지 않고 나쁜 일을 해서 돈을 버는 것〉이라고 잘못 생각하는 사람들이 많지만 결코 그렇지가 않다.

목표에 초점을 맞추면 다음 일은 절대로 생각하지 않는다. 경쟁자에게 상처를 줄까 고민한다거나 사원의 불만이나 가족들의 불평은 신경 쓰지 않는다.

'비도덕적일 정도'로 돈 버는 일에 집중한다. 돈을 버는 일에 집중하자고 스스로 결정하고 맹세한 사실을 한 순간도 잊지 않기 위하여 히라는 '비도덕적 마케팅'이라는 말을 사용하곤 한다. 돈 버는 일을 주저하거나 목표를 정해 놓고도 망설인다면 절대로 돈을 벌 수 없다. 마츠시타 전기의 마츠시타 고노스케 회장은 부하 직원이 제안을 갖고 오면 반드시 다음과 같이 물었다고 한다. "그 일이 돈 벌 수 있는 일인가?"

돈 버는 일에 죄책감을 갖고 있는 사람이 의외로 많다. 하지만 죄책감을 가질 필요는 없다.

돈 버는 일이 나쁜 것이 아니라 번 돈을 어떻게 쓰는가에 문제가 있을 뿐이다.

히라의 법칙

많은 사람들이 스스로 한계를 두고 있다. 어떤 일을 할 때 핑계를 대거나 그렇게까지 안 벌어도 된다든가 스스로에게 무리라고 생각하며 한계를 둔다. 히라는 '비도덕적'이라고 말함으로써 스스로 자신의 한계를 벗어 던지고 목표를 향해 똑바로 전진해서 '비도덕적일 정도의 돈 벌기'를 실현했다.

이것을 머릿속에 넣고 다음 〈GPA 법칙〉을 배우기 바란다. 대부분의 사람들은 테크닉과 노하우 등을 알고 싶어 한다. 그러나 히라가 내게 열을 올려 가르친 내용은 잔재주 같은 테크닉이 아니다.

"히로타 씨! 분명히 테크닉이나 노하우가 필요합니다. 듣는 즉시 할 수 있고 슬쩍 보기만 해도 곧바로 할 수 있는 것들이 많지요. 그런데 그 효과라는 것이 얼마 가지 못합니다. 그리고 그 다음에도 내내 수박 겉핥기식 잔재주만 부리게 됩니다."

사실 잔재주를 배운다고 해도 큰 효과를 보기란 어렵다. 응용을 할 수 없기 때문이다. 때때로 잔재주가 통하면 좋겠지만 대부분의 경우 잔재주는 별로 쓸 데가 없어 제대로 된 마케팅을 할 수 없다. 기본이 되어 있으면 테크닉은 스스로 얼마든지 만들어 낼 수 있다.

대부분의 사람들은 꿈을 꿈으로 끝내버린다. 그러나 우리는 꿈을 현실로 바꿀 수가 있다.

꿈을 현실로 바꾸는 방법은 너무도 간단하다. 단 한 가지 법칙에 충실하기만 하면 된다. 히라가 항상 사용하는 방법은 〈GPA 법칙〉이다.

G ▸ GOAL 목표
P ▸ PURPOSE 목적
A ▸ ACTION 행동

이 법칙은 기본 중의 기본이다. 이것만 숙지하고 결단력 있게 행할 수만 있다면 누구나 반드시 억만장자가 될 수 있다.

GOAL! 숫자로 표현하라

당신이 성공하고 싶다면 제일 먼저 해야 할 일이 목표를 정하는 것이다. 목표는 매출수익, 즉 돈이다. 벌고 싶은 수익을 결정할 필요가 있다. 대부분의 사람은 행선지가 명확하지 않다. 목적지가 애매하고 도달할 목표가 분명치 않다. 그리고 그렇게 할 수 없다는 핑계를 댄다.

목표를 명확히 잡을 때의 포인트는 금액과 시간을 숫자로 나타내는 일이다. 즉, 매출과 연 수입을 숫자로 확실하게 해둠으로써 도달하고 싶은 '목표'를 정확히 할 필요가 있다. 숫자는 애매한 요소를 배제하여 핑계를 댈 수 없게 만든다.

그러나 숫자로 바꾼다고 해서 단순하게 숫자만으로 표현하고 끝나면 안 된다. 현재 매출 1000만 엔을 올리는 사람이 1년 안에 매출을 10억 엔으로 올리는 일은 쉽지 않다. 성공하는 사람은 분명히 도달할 수 있는 범위를 조금 넘어가는 수치를 목표로 정한다.

목표, 즉 금액의 구체적인 설정 방법은 나중에 설명하기로 하고 우선은 목표의 중요성에 대하여 이야기해보자.

목표를 생각할 때 먼저 '내년에 100억 벌어볼까?' 하고 스스로에게 물어보고 '100억은 무리다. 20억 정도로 하자. 아니야, 그것도 많아. 내년엔 일단 1억으로 하자' 라는 식으로 결정한다.

언제, 어디까지 갈까. 도달할 시간과 목적지를 정하지 않으면 행동으로 옮기기 어렵다.

당신이 내년의 수익을 100만에서 3000만으로 늘려 잡았다고 해보자. 그럼 3000만의 수익을 올리기 위해서는 어떻게 해야만 하는가를 생각하게 된다.

연 수익을 3000만으로 하기 위해서는 우선 얼마의 매출이 필요한가? 그리고 무엇을 팔아야 하는가? 어떻게 준비할까 등등. 당신은 자신이 이루고 싶은 목표를 구체적으로 종이에 써서 숫자로 표시하지 않으면 안 된다. 그렇게 해야만 다음 해야 할 일이 확실하게 떠오른다.

PURPOSE! 성공의 원동력

목적이란 동기라고 바꿔 말할 수 있다. 왜 돈을 벌어야 하나. 그 목적을 유리병 속에 든 메모지처럼 명확하게 머릿속에 넣어둘 필요가 있다. 왜냐하면 사람들은 자신이 왜 그 행동을 하는지 너무 쉽게 잊어버리기 때문이다.

대부분의 사람들이 목표는 세운다. 가령, 1억을 벌고 싶다든가 하는 생각이 그렇다. 하지만 "왜 벌어야 하는가?"라고 그 목적을 물으면 분명한 이유를 대지 못하는 경우가 많다. 1

억이 자신에게 동기를 부여한 목적이 아니기 때문이다.

자신에게 동기를 부여하는 목적이 명확하면 그 다음은 자연스럽게 행동으로 옮겨지게 된다. 돈 버는 일은 실로 간단하다. 노력만 하면 눈 깜짝할 사이에 1억은 벌 수 있다. 그러나 계속해서 돈을 벌기 위해서는 자신이 장사를 하는 이유와 목적, 왜 이 일을 해야 하는가? 왜 달성해야만 하나? 등을 확실하게 생각할 시간이 필요하다. 그것이 불분명한 상태에서는 돈을 벌기 힘들고 설령 번다고 해도 행복하지 않다. 예를 들어 수십 억을 벌더라도 행복을 느낄 수 없는 사람이 있다. 이유는 목적이 분명치 않기 때문이다. 잔재주와 은행계좌의 숫자, 자동차 브랜드, 집의 평수 등이 아니라 '왜 사는가? 왜 돈을 버는가? 왜 자신의 한계를 보고 싶은가?' 등을 생각할 시간을 만들어야 한다. 그런 과정을 통하여 앞으로 해야 할 일에 힘을 실어야 한다. 그럴듯한 말만 한다고 생각할지도 모른다. 그러나 이러한 것을 가장 먼저 고려해야 한다.

잔재주 마케팅 기법을 알았다고 해도 그것은 상대를 쉽게 싫증 나게 하고 경쟁자에게 모방을 당해 큰 효과를 내기 힘들다. 어떠한 경우라도 꾸준히 돈을 벌기 위해서는 본인 스스로 분명한 목적을 갖고 행동하지 않으면 안 된다.

당신이 1억을 벌고 싶다고 하자. 왜 1억일까? 왜 그 금액이 필요한가? 그 점을 이해하지 못하면 목표에 도달하기 전에 좌절해버린다. '특별히 1억이 아니라 5000만 있어도 충분해!' 라고 생각하면 목적 자체의 의미가 사라져 도중에 포기하게 된다.

차를 사겠다든가 집을 짓겠다는 목적도 좋다. 하지만 커다란 성공을 하고 싶으면 당신의 목적을 다른 사람에게 말했을 때 눈물이 날 정도의 신념이거나 대단한 일이라고 크게 소리칠 수 있을 정도여야 한다. 그것이 당신이 돈을 벌 수 있도록 하는 원동력이다.

왜 사는가?

왜 돈을 버는가?

왜 자신의 한계를 보고 싶은가?

스스로 충분히 생각할 시간을 만들어 당신이 죽은 뒤에도 계속 이어질 수 있는 그런 목적을 가져라. '어떻게 하면 그런 목적에 걸맞는 성과를 낼 수 있을까?' 항상 이 점을 염두에 두고 활동적으로 살아라. 이것이 성공으로 향하는 최단거리가 될 것이다.

목표의 재설정

인간의 근육은 부하가 걸리면 이전보다 발달한다. 부하가 작으면 근육은 발달하지 않는다. 반면 지나치게 부하가 걸리면 오히려 근육은 파괴된다.

이와 같은 이치로 목표를 정하라. 어느 정도의 부하가 적당할까? 이 부분을 명확히 아는 것이 중요하다. 너무 커다란 목표는 상상만으로도 무력감에 빠뜨리고 의욕을 꺾을 수 있다. 또한 지나치게 작은 목표는 흥미를 유발시키지 못해 의욕이 사라지기 쉽다. 어느 쪽도 바람직하지 않다.

따라서 적당한 목표를 정하는 일이 무엇보다 중요하다. 인간은 '능력(스킬)'과 '도전'이 적절하게 조화를 이룰 때 행복감을 느낄 수 있다.

다음의 그림처럼 능력이 과다할 경우에는 의욕저하가 일어나고 도전이 과하면 스트레스를 느끼게 된다. 능력과 도전의 조화가 이루어진 부분이 행복 존이다. 우리는 여기에 들어갔을 때 충실감과 행복, 의욕을 느끼고 하루하루 건강하게 살 수 있다.

이 정도가 당신에게 가장 효과적이고 최대한 성장을 할 수 있게 만든다. 만일 당신이 현재에 충실하다면 능력과 도전의 균형이 알맞다고 볼 수 있기 때문에 그것으로 족하다.

한편 당신이 지금 스트레스를 받고 있다면 도전이 지나치거나 능력이 떨어지기 때문에 어느 한쪽을 적당히 조절해야만 한다. 만약 당신이 지금 의욕이 떨어져 있다면 도전이 부족하거나 능력이 지나치게 높은 것이므로 역시 균형을 잡을 필요가 있다.

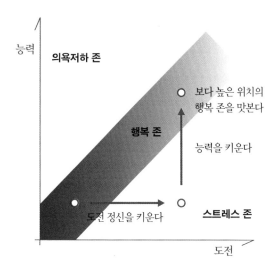

능력

의욕저하 존

행복 존

보다 높은 위치의
행복 존을 맛본다

능력을 키운다

도전 정신을 키운다

스트레스 존

도전

우리가 사용하는 방법은 우선 극도의 스트레스를 느낄 정
도로 도전을 하고 심리적으로 압박감을 느끼는 방법이다. 그
리고 그 다음 목표에 도달하는 능력을 높이는 작업에 들어간
다. 공부하고 스킬을 연마하는 트레이닝을 통해 스트레스 존
에서 조금씩 행복 존으로 올라가는 것이다.

많은 사람들이 이와는 반대의 방법을 취하기 때문에 성공
하기 어렵다.

스트레스를 느끼면 도전을 줄여서 능력과의 균형을 잡고
행복 존으로 들어가려고 한다. 의욕이 떨어질 경우 능력을 줄

여 행복 존으로 들어가려 한다. 이렇게 하면 비슷한 행복을 느낄 수는 있지만 자신의 능력이 향상되지 않기 때문에 다른 도전을 해도 매번 결과는 그다지 변화가 없다.

이 방법을 좋지 않기 때문에 우리는 높은 목표를 세워 도전을 상향 조정한 것이다.

구체적으로 개인의 연 수입에 대해 생각해보자. 숫자를 보고 아무런 느낌이 없다면 도전이 지나치게 낮은 상태이므로 더욱 높인다.

상향 조정해 보아도 여전히 아무 느낌이 없다면 최대한으로 높여 본다. 심리적으로 상당히 스트레스를 받을 만큼 목표 수입을 올려본다.

최대치까지 올려보면 어느 시점부터 왠지 모르게 스트레스가 느껴지지 않을 것이다. 현실감이 없기 때문이다. 이 포인트를 '비현실 포인트'라 부르자.

'올해 안으로 999,999,999,999억을 벌어보자'는 목표를 세워도 현실감을 느끼지 못하기 때문에 별로 스트레스를 받지 않을 것이다. 물론 달성할 수도 없다. 현실감 없는 숫자를 목표로 하면 달성할 수 없다고 해서 극도로 스트레스를 받을 수 있는 숫자 즉, 현실감 있는 숫자 아래로 목표를 내리면 안된다. 이 한계점을 분별해내는 능력이 중요하다. 이 점을 잊지 말고 꼭 기억해두자.

ACTION! 목표 달성

GPA의 마지막 단계인 '행동'에 대해 알아보자. 목표와 목적을 정했다면 그 다음 단계는 실행하는 일이다. 그 이외의 것은 생각할 필요가 없다.

이 ACTION은 말 그대로 오로지 행동할 뿐인 것이다. 그런데 이것이 그리 간단치 않다. 행동하는 방법을 모르기 때문이다. 단번에 성공하는 방법은 없다. 단계를 차곡차곡 밟아가는 것이 중요하다. 그렇게 하기 위해서 세부적으로 하나씩 나누어 생각해봐야 한다.

먼저 목표를 달성하기 위해 필요한 능력을 모두 적는다.

그리고 그 능력들을 갖기 위해 필요한 것들을 써 본다.

예를 들어, 내년까지 연 수입 100억을 벌고 싶다면 필요한 능력은 아웃소싱 매니지먼트 능력, R&D 기술, 상품개발 능력이다. 그리고 자신의 상품을 효과적으로 홍보할 카피라이팅과 시간관리 능력도 요구된다.

다음은 이 능력들을 갖기 위한 방법들을 생각해본다. 가령 세미나에 참석하고 교재를 읽으며 누군가에게 배우거나 학교에 다닌다. 혹은 능력 있는 사람을 스태프로 쓰는 방법 등을 생각해볼 수 있다. 이렇게 능력을 향상시키며 스트레스 존에서 행복 존으로 끌어올리는 것이다. 이것을 반복하다 보면 목표에 도달할 수 있고, 목표를 달성하게 되니 삶이 즐거워진다. 그래서 다시 즐겁게 도전할 수 있게 된다. 탐욕 같이 보이

더라도 언제나 위를 보고 달렸으면 한다.

인간에게 지나친 욕구는 없다. 욕구를 잃어버리면 의욕 상실로 죽는다. 인간에게는 태어날 때부터 '진보욕'이 있다고 생각한다. 인간에게 도전이 있을 때 비로소 향상심도 생기기 때문에 커다란 의욕은 좋은 것이다. 결코 욕심이 아니다. 당신도 커다란 욕망을 가져라. 많이 버는 일이 나쁜 일은 아니다. 당신이 돈을 벌겠다는 목표를 세우고 그 몇 %를 기부하겠다고 정한다면 그것은 만족감을 위해 기부하는 것이 아니라 도전을 위한 기부를 하는 것이 된다. 따라서 더더욱 행복해질 수 있다.

우리도 먹고 살 만큼은 충분히 벌었다. 그러나 새로운 도전이 있기에 그것을 달성할 때 새로운 행복과 만족을 느낀다. 당신도 자신이 손에 넣고 싶은 것을 명백히 하고 단계별로 앞으로 나아가자.

단번에 날아오를 필요는 없다. 단계적으로 다음 도전을 해나간다면 어느 순간에 당신도 모르게 성공해 있을 것이다. 그저 한 단계 한 단계 밟아나가기만 하면 된다.

히라와 히로타의 최종 목적

마지막으로 목적에 대하여 이야기하겠다. 목적이 필요하다는 점은 충분히 인지했을 것이다. 그러나 최종 목적은 돈이 아니다. 이 점을 간과해서는 안 된다.

돈은 단지 목적을 달성하기 위해 필요한 수단에 지나지 않는다. 우리의 최종 목적은 '모두가 행복하게 되는 것'이다. 이렇게 말하면 거짓말처럼 들릴지 모르겠지만 사실이다. 우리는 모두 주택회사로 시작했다. 처음에는 집을 짓는 일로 모든 사람들이 행복해지기를 원했다. 집 짓는 일이 가장 좋았다. 지금도 그 생각에는 변함이 없지만 최근에는 그 의미가 넓혀지는 느낌이 든다. 돈 역시 서로 나누고 같이 기뻐해 줄 상대가 없으면 재미가 없다. 여기서 한 가지 주의할 점이 있다. 목적이 숭고하고 뜻이 높으면 높을수록 성취감도 크지만 지나치게 큰 목적은 좋지 않다는 것이다. 예를 들어 '지구상에서 굶주리고 있는 모든 사람들을 내 손으로 구원한다'와 같은 지나치게 이상적인 목적은 압박감을 준다기보다 목적 자체가 사람을 공허해지게 만든다. 아무리 듣기 좋아도 무의미한 목적이다.

앞에서 말했듯이 '행복 존과 스트레스 존' 그래프를 항상 점검하는 습관이 필요하다. 그래야만 당신 앞으로 다가올 기분 좋은 압박감을 느끼면서 성장해 갈 수 있기 때문이다.

절대 성공하지 못하는 사람들

많은 사람들이 장사 수완을 배우기 위해 나를 찾아온다. 별다른 고생 없이 수익을 올리는 사람도 있지만 그렇지 못한 사람들도 있다. 아무리 노력해도 안 되는 사람들은 왜 그럴까? 많은 사람들이 목표를 정해야 한다는 중요성을 이미 깨닫고 있다. 하지만 알고 있어도 단순히 아는 것에 그치면 안 된다. 목표를 정했어도 그 뒤에 실행하지 않으면 달성할 수 없기 때문이다. 예를 들어 '춤 연습을 위해'라는 목적으로 '뉴욕에 간다'는 목표를 정해도 비행기 표를 끊지 않으면 배울 수 없다. 이래서는 뉴욕까지 갈 수도 없기 때문이다.

집을 나서 활동적으로 움직이기를 권한다. 그렇게 하지 않으면 그동안 쌓은 공부나 지식이 아무런 도움도 되지 못한다. '절대 성공 못하는 사람'이 있다. 행동하지 않는 사람이다. 당신은 그런 사람이 아니길 빈다.

히로타는 좋은 아이디어를 들으면 상대방과 이야기하는 도중에도 "미안합니다!" 하고 양해를 구한 뒤 그 즉시 직원에게 전화를 건다. 해외에서도 마찬가지다. 그것은 그대로 지시 사항이 되어 히로타가 귀국하기 전에 회사는 이미 실행하고 있다.

행동이 빠르다는 것은 이를 두고 하는 말이다. 결단이 빨라야 한다고 앞에서도 이야기한 바 있다. 그러나 사실 그것만이 아니다. 우리가 가진 매력은 결단력과 더불어 행동력이다. 결정하면 곧바로 행동으로 옮겨야 한다.

정보를 버리는 용기

결정을 내릴 때 주저하지 않는 데에는 중요한 측면이 있다. 바로 지나간 것을 생각하며 고민하지 않는 태도이다. 히라는 정보를 얻는 것보다 얻지 않으려는 쪽에 주의를 더 기울인다. 즉, 불필요한 정보를 얻지 않으려는 것이다. 일단 들어온 정보도 '필요하지 않은 것'은 즉시 버린다. 위장이 좋은 음식물과 나쁜 음식물을 구별하지 않는 것처럼 우리의 뇌도 좋고 나쁜 정보를 가리지 않는다. 아무리 몸에 좋은 음식을 먹어도 동시에 술을 많이 마신다든가 지방 등을 필요 이상으로 섭취하면 건강에 좋지 않다. 똑같은 이치다.

히라는 불필요한 것은 생각하지 않는다. 점심을 어디서 먹고 무엇을 먹을까에 머리를 쓰는 일은 바보 같은 짓이라고 말한다.

항상 머릿속을 깨끗하게 유지하기 위하여 뇌 속을 쉴 새 없이 청소한다. 그래야만 좋은 발상들이 샘물처럼 끊임없이 떠오르고 새로운 정보를 받아들일 수 있다.

나를 알고 나를 만든다

자신을 안다는 일은 무엇보다도 중요하다. 인간은 다른 사람에게 눈길이 먼저 가기 마련이다. 그런데 재미있는 사실은 성공 못한 사람들이 특히 다른 사람들의 평가에 귀를 기울인다는 점이다. 그들은 다른 사람의 눈, 다른 사람의 평가로 자신을 판단해버린다.

성공한 사람은 다르다. 다른 사람의 눈 따위는 신경 쓰지 않는다. '내 일은 내가 가장 잘 알고 있다'는 사실을 누구보다 잘 알고 있기 때문이다. 따라서 비즈니스의 궁극적인 목표는 자신과의 싸움이다.

우선 나를 알고 나를 만들어 가는 일이 중요하다. 자신에게 주어지는 모든 것을 받아들이고 책임을 진다. 결코 다른 사람 핑계를 대지 않는다. 자신의 인생을 결정하는 것은 오로지 자기 자신뿐이다. 그리고 자신의 인생을 만들어 가는 사람도 자기뿐인 것이다. 이것이 성공하는 사람의 기본이다. 그럼 자신의 인생에서 진정한 목적을 이루기 위해서 어떻게 해야 하는가?

Chapter 3

성공의 열쇠,
브레인덤프

머릿속에 있는 것을 쏟아낸다

이 장에서는 인생의 목적을 찾아내는 연습을 해보려고 한다.
이 연습을 제대로 하려면 반나절은 족히 걸릴 것이다. 시간이
부족한 사람은 다른 장을 먼저 모두 읽고나서 시간을 내어
이 장을 숙지하는 것이 좋겠다.

준비됐습니까? 자, 이제부터 시작해봅시다!

　우리는 성공적인 비즈니스를 해야만 한다. 그러기 위해서
는 라이벌이 많은 시장에 뛰어들어, 라이벌에게는 없는 이익
을 찾아내, 고객의 감정을 움직일 수 있는 정보로, 사고 싶은
순서대로 설명하고, 거절할 수 없는 제안을 통해 즉시 사도록

한다는 마케팅 세일즈 기법을 만들어야 한다.

당신은 이런 기법으로 어떤 것이라도, 언제나, 누구에게나 팔 수 있다. 물론 먼저 라이벌을 알고 자신을 알고 고객에 대해 알아야 이런 마케팅을 할 수 있다. 이것을 확실히 아는 데는 우리가 실제로 하고 있는 '브레인덤프'라는 방식을 사용한다. 브레인덤프를 구체적으로 살펴보자.

쓰면서 생각한다

브레인덤프란 현재 당신의 머릿속에 있는 모든 것을 꺼내 종이에 써보는 일이다. 뇌 속의 정보들을 깨끗이 토해내 씻는 행위이다.

숨기는 것 없이 목표, 꿈 등 매일 생각하고 있는 내용들을 모두 써본다. THINK ON PAPER! 종이 위에서 생각하는 방식이다. 머릿속에서만 생각하면 빙빙 돌기만 할 뿐이다. 그럴 때 방해가 되는 요소라도 개입되면 다시 처음부터 생각해야 한다. 이런 식이면 언제나 풀리지 않는 여러 문제를 끌어 안게 된다. 그러나 빌린 돈도 종이 위에 써보면 다른 사람의 빚처럼 생각되어 갚을 수 있는 방법이 쉽사리 떠오르게 된다.

행동을 위한 브레인덤프

브레인덤프의 최대 목적은 목표를 달성하기 위하여 머릿속에 있는 것들을 모두 종이 위에 써서 깨끗이 비우는 것이다. 그리고 목표 달성을 위해 무엇을 해야 하는지 행동 계획을 세우는 일이다.

이것은 스텝1~9까지 나누어 생각해볼 수 있는데, 그 이전에 기본 단계인 스텝 0부터 시작해보자.

현재 안고 있는 문제를 모두 드러낸다

회사, 클레임, 사생활, 가족, 친구 등에 관한 여러 가지 문제를 머릿속에서 모두 끄집어낸다. 예를 들어 가족이 반대하고 있다든가 딸이 감기에 걸렸다든가 등 마음에 걸리는 일이 하나도 남지 않을 때까지 안고있는 문제들을 전부 종이 위에 써본다. 종이에 자신이 가지고 있는 문제들을 써내려가다 보면 굳이 머릿속에 기억하고 있어야 할 필요성이없어진다. 따라서 자신의 문제점들을 객관적으로 볼 수 있게 된다. 여기서는 이러한 문제에 대하여 깊이 있게 연구할 필요가 있다. 문제는생각만 한다고 해서 일이 진행되지 않으며, 무엇보다도 재미가 없다.

문제는 해결하는 대로 또 발생한다. 문제 해결에만 머리를 쓰고 있으면 실제 목적을 이룰 수 없다. 당신이 이 브레인덤프를 행하는 이유는 성공을 위해서다. 당신은 앞으로 성공할 것이므로 즐거운 일을 생각하면서 앞으로 나아가야 한다.

당신이 좋아하는 것은 무엇인가?

갖고 싶은 것, 원하는 것, 사고 싶은 것 등 바라는 내용을 모두 종이에 써본다. 이런 것은 창피해서 도저히 쓸 수 없다고 생각하는 내용까지 모두. 가급적 구체적으로 써야 한다.

예 〉 연 수입을 3억까지 올린다. 벤츠를 산다. 전용 비행기를 산다. 수영장이 있는 집을 5억에 산다. 포르쉐를 산다. 가족 빚을 전부 갚는다. 미인 1,000명과 자본다. 벤치프레스를 250킬로까지 든다. 체지방율을 7%까지 떨어뜨린다. 결혼 상대를 찾는다. 친구 100명을 만든다. 태권도 세계대회에서 7위 안에 든다. 브랜드 옷을 산다. 책을 출판한다. 장난감을 산다 등등.

STEP 2

당신이 해야만 할 일은 무엇인가?

당신이 지금 당장 해야 할 일들을 전부 써본다.

예〉 쓰레기를 버린다. 회계사에게 전화를 건다. 비서에게 세
미나 장소 예약전화를 하도록 한다. 오늘 저녁 식사를 위해 고
기 500그램을 산다. 차 안을 청소한다. 블로그를 다시 만든다.
외주 회사에 연락한다. 책 20페이지를 읽고 메모한다. 메일
광고, 잡지 광고 장소를 스무 곳 찾는다. 새로운 상품을 한 시
간 찾아본다. 저녁 8시에 수영하러 간다 등등.

이렇게 작은 일에서 큰 일까지 해야 할 모든 일들을 써간다. 생활 전
반에서 비즈니스에 이르기까지. 이렇게 사소한 일들은 쓰지 않아도 되
지 않나? 하고 의심하지 말고 모두 써본다. 브레인덤프이기 때문에 뇌
가 지칠 때까지 전부 써내려가는 것이 중요하다.

당신은 어떤 아이디어를 갖고 있는가?

현재 생각하고 있는 비즈니스 아이디어 모두를 써본다. 생각하고 있는 것들 중에 지금 하려고 하는 것에서부터 이미 실행에 옮기기 시작한 것까지 모든 비즈니스 아이디어를 써본다.

> 예〉 영화를 만든다. 다이아몬드를 판다. 현재의 사업을 다각화한다. 옆집 강아지가 얌전해지는 비결을 판다. 친구의 경험을 판다. 물건을 이미 산 고객에게 또 하나의 물건을 팔기 위한 메일을 보낸다. 상장한다. 자신이 입었던 청바지를 판다. 다른 사람이 팔고 있는 물건을 팔게 한다. 사막에서 물을 판다. 남극에서 얼음을 판다 등등.

이상한 것도 상관없다. 화성인에게 문어회를 파는 정도만 아니면 된다. 돈을 벌 수 있을지 없을지를 생각하는 게 아니라 단순히 머릿속에 떠오르는 생각들을 써본다. 터무니없는 것이라도 괜찮다. 아이디어란 보통 상식에서 벗어난 곳에서 솟아난다.

당신의 빚은 얼마인가?

현재의 빚을 전부 써본다.

상세하게, 어디서 얼마를 빌렸는지까지 쓴다.

> 예 〉 주택론: 1500만, 신용카드: 23만 5천, 친구로부터 5만,
> 자동차론: 129만, 긴자의 술집: 32만, 가불: 25만, 애인에게
> 서 빌린 30만 등등.

누구나 빌린 돈을 생각하기는 싫다. 그렇기 때문에 더더욱 종이에
써놓고 잊어버려라. 이 일은 아주 중요하다.

STEP 5

15분 동안 인큐베이션 과정

머릿속에 있는 모든 정보를 종이에 써보고 15분 정도 쉰다. 머릿속이
깨끗이 빈 상태를 경험한다. 기분이 상당히 좋은 작업이다. 모든 것을
종이에 토해낸 후라 머리가 맑아지는 경험을 하게 될 것이다. 그리고
바깥 공기를 마시며 깊은 호흡을 하고 물 한 컵을 양껏 들이킨다. 아내
와 아이들을 끌어안고 "사랑해"라고 말한다.

 이 인큐베이션 과정, 즉 육성 과정은 머릿속을 비웠다고 생각할 때
하면 좋다. 이 작업을 통해 당신의 심신은 맑아지고 새로운 아이디어를
만들 준비에 들어간 것이다.

이것이 나의 생각인가?

스텝 4까지 쓴 종이나 칠판을 보며 "이것이 내 머릿속의 내용물인가!" 라고 말해본다. 그리고 우선 스텝 1의 '원하는 것들 리스트'를 살펴보고 얻고 싶은 순서대로 고쳐 써본다.

할 수 있는 순서대로 나열하는 것이 중요하다. 가령, 벤츠도 살 능력이 없는 사람이 자가용 비행기를 살 수는 없다. 그렇기 때문에 손에 넣을 수 있는 순서대로 한다. 그리고 정리된 순서를 보면서 스텝 2에서 쓴 '할 일 리스트'를 맞춰본다. 그 후 스텝 3은 무시하고 스텝 4의 '빌린 돈 리스트'를 갚지 않으면 안 될 순서대로 정리한다. 먼저 무엇부터 갚아야 할지 명확히 정한다.

STEP 7

바꾸어 보자

지금까지 적은 세 가지 리스트를 한 장의 종이에 순서대로 써서 리스트를 새로 작성한다. 지금 즉시 하지 않으면 안될 일부터 시작하고 모든 빚을 청산한 뒤 원하는 것들을 얻는 순서로 차근차근 리스트화 한다.

이것은 스텝 1, 2, 4의 순서와 다르다.

제일 처음 쓸 때는 '얻고 싶은 것'을 먼저 생각했지만 새로 리스트화 할 때는 '하지 않으면 안될 일' 부터 하는 것이 좋다. 아이디어를 내기 시작할 때는 일단 원하는 것을 상상하고 긍정적인 생각을 하면서 실행하는 것이 효과적이다.

컴퓨터 옆에 붙여라

작성한 리스트를 복사해서 한 장은 자신의 주머니에 항상 넣고 다니고 또 한 장은 컴퓨터 옆에 붙여 놓는다. 스텝3의 '비즈니스 아이디어 리스트'를 보고 가장 이익이 많은 일과 확실히 벌 수 있는 일부터 순서대로 리스트화 한다. 핵심은 먼저 벌 수 있는 것, 장기적으로 계속 수익을 올릴 수 있는 일, 단발 승부가 아닌 것 그리고 성공 확률이 높은 순서로 정리한다.

끝났으면 지운다

'할 일 리스트'를 1부터 순서대로 정리한다. 이 작업이 끝나면 펜으로 지워나간다. '비즈니스 아이디어 리스트' 중에서 가장 이익을 낼 수 있는 것 하나를 정해서 그것부터 시작한다.

정한 프로젝트에서 목표 이익을 얻을 때까지 단 1초도 다른 프로젝트는 생각하지 않는다.

또 다른 비즈니스 아이디어가 떠오른다면 리스트 맨 마지막에 써놓고 곧바로 잊어버린다. 목표를 달성하면 펜으로 지우고 다음 프로젝트로 옮겨간다. 이것이 첫 번째 '행동을 위한 브레인덤프'의 과정이다. 비교적 단시간에 해낼 수 있기 때문에 2주에 한 번 정도 하는 것이 바람직하다.

자신을 탐구하는 브레인덤프

두 번째 브레인덤프의 과정은 일하는 목적과 나만의 판매 기술(USP, Unique Sales Proposition), 지금까지의 전략 등을 끌어내기 위하여 자기 자신과 자신의 비즈니스를 탐구한다.

당신이 이야기를 하면 고객과 종업원들이 감동을 받고서 "꼭 당신에게 부탁합니다"라고 말할 정도의 메시지를 갖고 있어야 한다. 그러기 위하여 자신의 비즈니스에 있어서 '진정으로 일하는 목적'을 끌어내야만 한다.

상품 컨셉과 당신이 팔려고 하는 상품 세일즈 레터에 이 메시지를 넣을 수도 있고 평생 〈GPA 법칙〉 가운데 P 즉, '목적'으로 삼을 수도 있다. 또한 자신의 비즈니스와 자신의 강점과 약점을 잘 파악해서 누구에게도 지지 않는 USP를 만드는 일도 가능하다. 뛰어난 USP를 할 수 있다면 그것만으로도 고객으로부터 "제게 파세요" 하는 요청을 받는다.

좀더 깊이 있게 인생의 목적을 발견하고 누구에게도 지지 않을 USP를 만들기 위하여 '자신을 탐구하는 브레인덤프'를 해보자. 이 브레인덤프를 한번 해 본 사람은 자신이 살고 있는 이유와 그 비즈니스를 선택한 이유 등을 분명하게 알 수 있다. 그리고 당신은 이것을 다른 사람에게 이야기하는 것만으로도 마음을 움직일 수 있는 메시지를 전달한 것이다.

다만, 여기부터는 자기 자신의 내면으로 들어가는 과정이기 때문에 주의해야 할 사항들이 몇 가지 있다.

질문 속에 자신의 자존심과 상처를 건드릴 수 있는 가능성이 있다는 점이다. 도중에 기분이 나빠진다면 그 질문은 버리도록 하자. 도끼자루를 휘두르는 아버지의 모습이 떠오를 경우 거기서 멈춰야 한다. 목적은 상처를 덧나게 하는 것이 아니라 돈을 버는 것이기 때문이다. 그리고 일하는 목적을 끌어내기 위한 질문을 하는 것이므로 순서대로 종이에 답을 적어놓도록 한다.

준비물로는 A1 크기나 B1 크기의 커다란 종이 한 장. 그리고 A3 크기 정도의 종이 20~30장 정도가 필요하다. 없으면 문구점에 가서 구입한다. 그리고 일단 스텝에 따라 써본다. 최종적으로 작성하는 시점에서 A1 크기 또는 B1 크기 종이를 사용하면 좋다. 커다란 종이에 쓰는 것이 보기 편하다.

일하는 목적을 찾아내는 질문

쓰는 것은 한 줄이나 한 마디라도 상관없고 많이 써도 괜찮다. 모르는 것은 다음으로 미루어도 되지만 한 번은 꼭 생각으로 정리해보는 것이 중요하다.

1. 생년월일과 출생 시간, 그때의 기후 혹은 부모님이 기억하는 추억은 무엇인가?

2. 출생지 주소는? 그 곳에 대한 인상은 어떠했나?

3. 당신 이름의 유래는? 부모님은 무엇을 기대하고 어떤 생각을 하셨나?

4. 아버지의 성격 중 좋은 점과 나쁜 점은 무엇인가?

5. 어머니 성격 중 좋은 점과 싫은 점은?

6. 인생을 반추해볼 때 아버지로부터 배운 것은 무엇인가?

7. 인생을 돌이켜볼 때 어머니로부터 배운 것은 무엇인가?

8. 어렸을 때부터 어른이 될 때까지 줄곧 주의해온 것은 무엇인가?

9. 어렸을 때부터 어른이 될 때까지 칭찬을 받아왔던 점은 무엇인가?

10. 조부모에 대한 추억과 영향을 받은 점은?

11. 형제자매가 있을 경우 추억과 영향을 받은 점은?

12. 그 이외에 가까운 사람 가운데 영향을 받은 인물은 누구인가?

13. 가장 친했던 친구는 누구인가?

14. 그 친구로부터 어떤 영향을 받았는가?

15. 그 친구는 당신을 어떻게 생각하는가?

16. 친척들과 당신의 가족은 어떤 관계였는가?

17. 태어나서 자란 환경은 어떠했는가?

18. 고향은 당신의 인격 형성에 어떠한 영향을 미쳤는가?

19. 당신은 어떤 성격인가?

20. 학창 시절 가장 기억에 남는 일은?

21. 좋았던 선생님이 있는가? 있다면 어떠한 영향을 받았는가?

22. 어렸을 때 무엇이 되고 싶었나?

23. 왜 지금의 직업을 선택하게 되었나?

24. 노후 질병 문제와 돈 문제 중 지금 어느 것이 더 불안한가?

25. 당신의 인생을 어떻게 마감하고 싶은가?

26. 죽는 날까지 추구할 수 있는 목표는 무엇인가?

27. 마지막까지 지키고 싶은 신조는?

28. 당신의 인생을 지도해주는 사람은 누구인가?

29. 유언장에 무엇을 쓸 것인가?

30. 죽는 날 누구에게 어떤 메시지를 남기고 싶은가?

31. 다음 대의 아이들을 위해 '이 말만은 남기고 싶다' 하는 것과 자신이 생각하고 있는 인생관은 무엇인가?

비즈니스에 관한 질문

당신이 만약 비즈니스를 하고 있다면 다음 질문들에 답을 해보자. 아직
비즈니스를 시작하고 있지 않다면 현재의 직업으로 바꿔 대답해보자.

1. 왜 이 사업을 시작했는가?

2. 계기가 된 일은 무엇인가?

3. 태어나서 현재까지 자신의 인생에서 인상적인 일은 무엇인가?

4. 사업을 시작할 때 어떤 어려움이 있었고 어떻게 극복해냈는가?

5. 고생할 때 도와준 사람은?

6. 그 사람은 왜 당신을 도와주었는가?

7. 왜 고객은 라이벌 사업자에게 가지 않고 당신에게 오는가?

8. 당신은 고객에게 어떤 신뢰를 주었는가?

9. 고객으로부터 듣는 클레임은 무엇인가?

10. 당신은 그 클레임 혹은 문제에 어떻게 대처하는가?

11. 당신이 고객에게 제공할 수 있는 것들을 모두 써보라.

12. 당신이 자랑할 만한 것은 무엇인가? 비즈니스와 관련하여 상을 받은 적이 있는가? 매스컴에 나온 일이 있는가? 기부 등으로 감사장을 받은 일이 있는가?

13. 매출을 올리기 위한 시스템, 나아가 세일즈 스태프는 있는가? 있다면 어떤 것인가?

14. 처음 일을 시작했을 때 고객 유치, 판매 촉진을 위해 어떤 조치를 취했는가?

15. 미래 고객을 창출하기 위해 주로 어떠한 방법을 사용하는가?

16. 종업원 한 사람당 매출액은 얼마인가? 업계 평균과 비교하여 어느 정도 수준인가?

17. '이것만큼은 라이벌에게 질 수 없다'는 부분은 무엇인가?

18. 당신은 자신을 홍보하기 위한 활동을 하고 있는가? 만약에 그렇다면 그것은 무엇인가?

19. 당신이 진정으로 원하는 일은 무엇인가?

20. 왜 그 일을 원하는가?

21. 당신의 이념은 무엇인가?

22. 당신이 좋아하는 말은 무엇인가?

23. 당신이 존경하는 인물은 누구인가? 왜 그 사람을 존경하게 되었나?

약점을 강점으로 바꾸는 스매싱

여기까지 대답을 했다면 다음은 약점, 강점, 특이한 점을 알아보는 작업으로 들어가보자.

WEAK POINT — 당신의 약점
STRENGTH POINT — 당신의 강점
UNIQUE POINT — 당신만의 특징

지금 당장 몰라도 관계없다. 어쨌든 머릿속으로 한번 생각해보고 다음으로 넘어간다.

'네거티브 스매싱'이라는 테크닉이 있다. 자신의 약점을 들추어내어 그것을 무기로 바꾸고 강점으로 만들어주는 방법이다. 모든 약점을 제거하는 것이다. 간단히 말해 자신의 약점을 인정하면 그것마저도 자신의 강점으로 변한다는 법칙이다.

글자를 읽고 쓸 줄 모르는 데다 말도 잘 못하는 치명적인 결함을 가진 후지타라는 영업사원이 히로타 회사에 있다. 영업을 시작해서 처음 1년간은 전혀 매출을 올리지 못했다. 1년 영업성과 제로. 당연한 결과다. 고객과 이야기할 때 무슨 말을 하는지조차 알아들을 수 없는 한심한 말주변으로 매출을 올릴 수는 없다. 이것이 후지타의 약점 즉, 위크 포인트였다. 그는 고민 끝에 어느 순간부터 명함에 다음과 같이 써넣었다.

〔저는 글자도 읽을 줄 모르고, 쓰지도 못합니다. 당연히 말도 잘 못합니다. 그 대신에 거짓말도 못합니다!〕

결점은 관점을 바꾸면 더 이상 결점이 아니다. 자신의 결점을 발견하는 일은 중요하고 즐겁기도 하다. 약점을 강점으로 바꿨을 때 후지타의 인생도 달라졌다. 자신의 약점을 강점으로 바꾸는 방법을 생각해보자. 그럼 자신을 파헤치기 위한 브레인덤프로 다시 돌아가보자.

고객이 사지 않는 세 가지 이유

당신이 팔고 있는 상품과 당신의 상품을 사 줄 고객에 대하여 써본다. 지금까지 자신에 대해 탐구해온 당신은 이미 당신이 팔고 있는 상품에 관해서도 자세히 파악하고 있을 것이다.

이제부터 구체적으로 하나하나 놓치지 말고 따라와주기 바란다.

고객이 상품을 사지 않는 이유를 먼저 생각해둔다. 그것은 다음의 세 가지일 것이다.

1. 상품이 좋은지 알 수 없다.
2. 왜 당신에게서 사야 하는지 이유를 모르겠다.
3. 왜 지금 사야만 하는지 잘 모르겠다.

고객이 당신에게 사지 않는 이유도 똑같다.

1. 당신이 좋은지 모르겠다(좋아하지 않는다).
2. 당신에게 사야 할 이유가 없다.
3. 당신을 믿을 수 없다.

당신의 상품이 싫은 것은 아니다. 싫어서 안 사는 것이 아니라 모르는 점이 많아서 안 사는 것이다.

당신은 이 브레인덤프를 통해 고객에게 알기 쉽게 상품을 설명할 방법을 생각하면 된다. 히라가 항상 주장하는 마케팅 대원칙이 있다.

"고객은 듣지 않는다(읽지 않는다), 고객은 믿지 않는다, 고객은 행동하지 않는다."

이 말은 항상 떠올릴 수 있도록 분명하게 기억해두자.

힌트 〉〉 확실하게 팔기 위한 세일즈 스텝

여기서 당신에게 확실하게 팔기 위한 세일즈 스텝을 알려주겠다. 이것은 사업을 시작할 때의 순서이기도 하다.

이미 비즈니스를 시작하고 있는 사람은 이 중에서 자신이 할 수 있는 일과 아직 하지 않은 일, 더욱 가능할지도 모를 일 등을 써본다. 아직 하지 않은 일이 나와도 실망할 필요는 없다. 그것이 자신에게 유리하다는 점을 깨닫는 것이 중요하다.

이제부터 해야 할 일이 있다고 생각하면 된다.

STEP 1 자신을 안다(현재 당신이 하고 있기 때문에 이것은 OK).

STEP 2 상품을 만든다(결정한다, 나아가 결정하기 위한 테스트
를 한다).

STEP 3 목표 고객을 정한다.

STEP 4 세일즈 레터를 작성한다.

STEP 5 광고 매체를 정한다.

- 온라인과 오프라인으로 나눠 매체를 정한다(인터넷, 입
소문, FAX DM, 신문 광고, 전화, 소규모 잡지, 간판,
POP, TV 등).

- 돈이 들지 않는 매체로 테스트 판매를 한다.

STEP 6 저예산으로 광고를 한다.

- 신규 고객 확보

- 소규모 잡지, 지방 신문, 포스팅 전단지, 단색 전단지,
인터넷 광고 등으로 큰 돈을 들이지 않고 반응을 본다.
이 테스트 뒤에 상품을 만들어도 늦지 않다.

STEP 7 직접 메일을 보낸다.

- 백엔드 상품을 판매하고, 기존 고객을 자극한다.

STEP 8 뉴스레터를 발행하고 고객과의 관계를 강화한다.

- 기존 고객과의 신뢰 관계를 쌓고 백엔드 상품을 판다.

STEP 9 소개수주를 받는다.

- 소개 네트워크를 개발하고 입소문 전략을 강화한다.

이 과정들을 머릿속에 넣고 상품에 관해 스스로 질문한다. 아직 하지 않은 일, 하고 있어도 여전히 가능한 것들을 재확인하면서 진행하면 자신의 비즈니스에서 부족했던 점을 확실히 알게 된다. 상품을 알고 표현하기 위한 다음과 같은 키워드도 참고하기 바란다. 이것 외에도 자신의 비즈니스에 사용할 수 있는 것은 없는가, 지금까지 지나쳤던 점은 없는가, 하나라도 더 많이 쓴다.

힌트 ›› 상품을 표현하는 키워드

1. FEATURE – 상품의 특징, 특색, 중요점
2. ADVANTAGE – 다른 상품과 비교하여 무엇이 뛰어난가, 강점과 장점
3. BENEFIT – 구체적이고 개인적인 이익이 되는 것
4. FEELING – 감각, 민감, 지각, 인상, 느낌, 예감, 기분, 주관적 선호, 흥분, 기쁨, 반감, 센스, 감수성, 의도, 위로, 친절, 동정, 희로애락, 오감으로 표현하기
5. 이익의 질
   · BENEFIT – 개인 또는 단체 행복에 직결되는 이익
   · PROFIT – 물질적, 금전상의 이익
   · ADVANTAGE – 다른 사람보다 유리한 입장, 근거지이기 때문에 생기는 이익

최강의 마케팅 전략

당신의 상품을 라이벌이 부러워할 만큼 독점적으로 팔기 위해 필요한 아이디어를 생각해본다.

힌트 ›› **라이벌보다 10배 이상 팔 수 있는 상품을 개발한다**

STEP 1 고객은 물론 당신도 몰랐던 상품의 이점을 찾아낸다.

- 오래된 상품이라도 누구도 알아채지 못한 장점을 찾아내면 새로운 상품이 된다.

- 새로운 상품이라도 누구나 알 수 있는 장점만 있다면 그것은 오래된 상품이다.

- 고객은 상품 특징의 백분의 일도 모른다.

- 당신의 상품, 서비스의 어떤 점이 라이벌과 비교하여 차별화되는지 파악한다.

STEP 2 상품의 결점을 드러내서 결점을 장점으로 바꾼다(네거티브 스매싱).

STEP 3 라이벌이 아직 모르고 있는 이익과 느낌을 찾아낸다.

STEP 4 고객이 상품을 사지 않는 이유를 나열한다. 그리고 그 이유 하나하나를 깨부순다.

STEP 5 최대의 이익을 내기 위한 가격을 결정한다.

STEP 6 장기간 이익을 올리기 위해 백엔드 상품을 만든다.

힌트 ›› 상품을 최대한으로 팔기 위해 고객의 특징을 파악한다

STEP 1   목표 고객을 안다.

- 왜 고객이 라이벌의 가게가 아닌 당신의 가게로 오는가
- 당신은 고객에게 어떠한 신용을 얻고 있는가
- 고객이 곤란해 하는 것, 고민하는 것, 분노하는 것, 불만으로 생각하고 있는 것들은 무엇인가 (각각 언제 어떤 상황에서)
- 고객이 토로하는 불만은 어떤 것인가, 그 문제에 어떻게 대응하고 있는가
- 고객 연령층은, 직업은, 가족 구성은 어떠한가
- 기존의 고객과 어떻게 연결되어 있는가
- 고객이 당신의 상품을 사는 데 방해 받고 있는 요인을 고객의 입장에서 생각해본다 (경제적 요인, 심리적 요인, 추측 가능한 요인)
- 고객은 당신에게서만 사는가
- 고객의 주소, 이름 등을 어떻게 입수하고 있는가, 예비 고객 리스트는 어떻게 수집할 것인가
- 신규 고객 한 명을 잡기 위하여 필요한 비용은 어느 정도인가
- 고객이 당신과 거래하기 쉽도록 만들 방법은 있는가
- 고객의 소리를 듣고 있는가(설문 혹은 다른 매체 이용)
- 고객의 평생 가치는 어느 정도인가

STEP 2 목표 고객을 뽑아본다.

　　- 당신이 상대하고 싶지 않은 고객은 어떤 종류의 사람인가

　　- 당신이 상대하고 싶은 이상형의 고객은 어떤 사람인가

　　- 상품을 많이 사줄 수 있는 고객층은 어떤 사람인가

　너무 많아 힘들겠지만 써보도록 하라. 생각해보는 작업은 매우 중요한 것이다. 다음의 힌트들을 사용해 좀더 아이디어를 내본다.

힌트 〉〉 기존 고객의 구입 금액을 최대한으로 올린다

STEP 1 업셀 상품과 서비스의 추가

　　- 관련 상품의 추가 구입 기회를 제공한다. 부가가치 상품을 사게 하여 효율성과 편리성, 정밀도를 높여 고객이 결론적으로 원하는 만족감을 준다.

　　- 수량, 크기, 시간, 품질에 관한 선택 기준을 제공하고 그 중에서 고객이 최적의 것을 선택할 수 있도록 한다. 고객이 필요로 하는 수량보다 적거나 품질이 떨어지는 상품을 제공하지 않는다.

　　- 적절한 조합으로 고객의 만족감을 높인다(편리성, 안전성, 경제성, 성취감, 자존심).

STEP 2 원 플러스 원(1+1)

　　- 나중에 사는 것보다 함께 살 때 훨씬 매력적인 가격, 서비스를 제시한다.

- 고객이 최종적으로 원하는 것을 생각한다.

STEP 3 다운셀
- 필요하지 않은 것을 빼고 간단하게 구성하여 가격을 내려 고객이 사기 쉽도록 유도한다.
- 분량을 줄여 사기 쉽도록 한다.

STEP 4 뉴스레터
- 기존 고객에게 뉴스레터를 발송하여 고객이 빠져나가는 것을 막고 세일즈 기회를 확대한다.

힌트 〉〉 기존 고객의 구입 의욕을 최대한으로 높인다

- 많이 사는 것이 유리하다는 점을 고객에게 알린다.
- 프론트엔드 상품, 백엔드 상품의 파는 순서를 지킨다.
- 사용하고 있는 모습을 떠올리게 한다.
- 선택 기준을 알려준다.

힌트 〉〉 고객의 공포심을 없앤다

- 고객이 상품을 구입할 때의 위험을 제거한다.
- 예스, 하고 즉시 대답할 수 있는 조건을 제시한다.
- 전혀 위험이 없다는 보증을 한다. 위험도 의무도 없다는 점을 확신시킨다.
- 상대방은 당신에게 무엇을 기대하고 있는가. 그 기대에 대하여 보증을 한다.
- 구체적 결과를 보증한다.

- 모든 보증은 반드시 실행 가능한 것을 제시한다. 표현할 수 있는 한 구체적으로 한다.
- 고객의 요청에 어떻게 대답을 하면 좋은가, 그 대답을 생각하고 정확한 순서대로 알려준다.
- 언제라도 반품에 응한다는 것을 알려준다.
- 상품과 회사에 어떠한 의문점을 갖고 있는지 알아내고 그 의문점을 해결할 증거들을 제시한다.

힌트 ›› NO라고 대답하지 못하게 할 제안을 만든다
- 고객이 거절할 모든 이유를 생각한다.
- 그것을 제거할 답변을 미리 준비한다.
- 그리고 그 증거를 제시한다.
　〔당신은 어떠한 증거를 준비하겠는가?〕

인큐베이션 브레인덤프

당신은 몇 장 정도를 썼는가? 세미나에서 이 작업을 해보면 보통 A3 용지로 20장 정도 나온다.

　다음은 이 브레인덤프를 실행하는 과정으로 들어가보자. 어쨌든 지금까지의 과정을 마쳤으면 인큐베이션 프로세스를 해보자. 생각을 현실화시킬 필요가 있다.

　준비가 됐으면 지금까지 쓴 종이〔행동을 위한 브레인덤프

스텝 0~9 리스트〕〔자신에 대한 대답〕〔비즈니스와 관련한 마음가짐〕 등 모든 것을 앞에 놓고 A1 정도 크기의 종이에 전부 써본다.

이미 쓴 것도 많지만 쓰는 과정 가운데 생각나거나 아이디어가 떠오를 수도 있다. 쓰는 방법은 무엇이든 관계없다. 무엇을 써도 상관없다. 순서나 내용 모두 당신의 자유다. 누구에게 보일 것도 아니므로 수치스러운 내용이라도 괜찮다. 당신 머릿속에 있는 내용들을 모두 꺼내 놓는 일이 중요하다. 일러스트를 하면서 쓰면 보다 효과적이기 때문에 색을 사용하는 것도 좋다.

이 브레인덤프는 현재 당신 머릿속에 있는 모든 내용이라고 말할 수 있다. 다시 말하면 앞으로 당신이 할 예정표이고 목적을 잊어버렸을 때 참고할 이정표와 같은 것이다. 히라는 늘 2시간 정도 이 작업을 한다. 익숙해져 있기 때문이기도 하지만 가능하면 단시간 안에 만들려고 노력한다.

다음 장에 나오는 히라의 브레인덤프 그림을 보면 도움이 될 것이다. 리듬을 타면 '이것도 쓰자, 저것도 쓰자' 하면서 즐겁게 적는다. 그렇게 되면 아이디어는 계속 나올 수 있다.

다 쓰고 나면 종이를 쳐다보며 "이것들이 내 머릿속 알맹이들인가!"라고 외쳐본다.

당신은 비로소 자신의 강점을 느끼게 되고 비즈니스 전략의 첫걸음을 명확하게 파악하고 누구에게 이야기해도 "제게 팔아주세요!"라는 소리를 들을 수 있는 USP를 만들 수 있다. 그리고 무엇보다 자신이 돈을 버는 목적과 살아가는 의미까지 깨달을 수 있게 된다.

히로시마에 야마구치라는 사람이 있다. 그는 유전성 암 인자를 갖고 있다. 입원과 퇴원을 반복하며 의사로부터 스물 일곱살까지도 살기 어렵다는 선고를 받았다. 자포자기한 그는 암에 대한 공포로 몇 번이나 자살을 생각했다. 그러던 그가 어느 날 선배가 사온 개와 같이 살게 되었다. 선배는 야마구치가 동물과 교감한다면 조금이라도 오래 건강하게 살 수 있다고 생각했다.

개와 같이 살게 된 야마구치는 정말 나날이 건강해졌다. 동물에게는 사람의 마음을 치유하고 실제로 건강까지 회복시키는 힘이 있다. 반려견으로 인해 건강을 되찾은 그는 현재 애완동물 가게를 운영하며 개와 이야기하는 카리스마트레이너로 인기를 얻고 있다.

집에서 기르는 동물도 가족과 똑같이 소중하다. 그 소중한 동물을 맡기거나 상담하고 싶으면 이런 사람에게 부탁하라.

무엇을 살까, 어떤 회사에서 살까를 고민하는 시대는 지나갔다. 현재는 누구에게서 살 것인가의 시대다. 고객은 '일하는 목적'을 갖고 있는 사람으로부터 사고 싶어 한다. 그런 이야기를 찾아내는 일, 그리고 누구에게도 지지 않을 USP를 만드는 일. 이것이 비즈니스를 성공시키는 커다란 무기다.

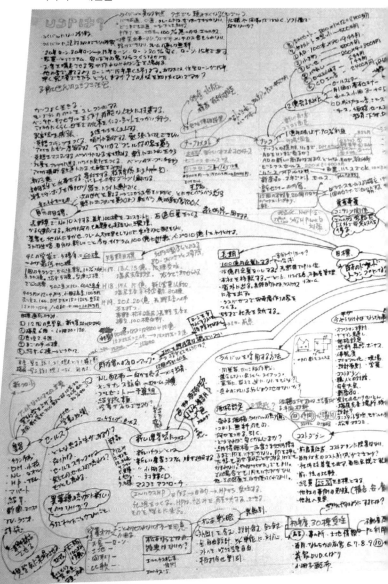

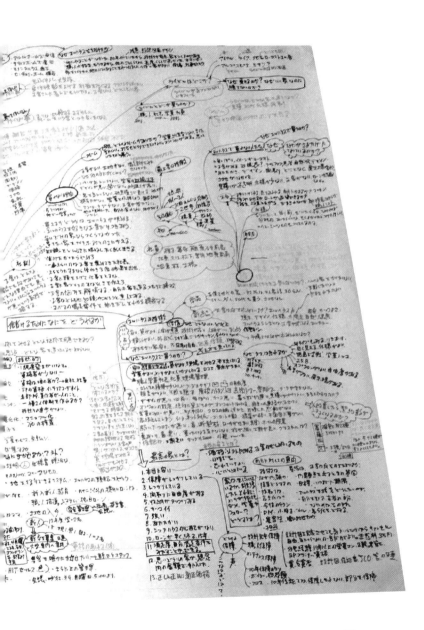

당신도 이 브레인덤프로 자신이 무엇을 위해 일하는지, 일하는 목적이 무엇인지 발견할 수 있다.

이제 분위기를 전환해보자. 이번에는 텅 빈 머릿속에 새로운 지식을 집어넣는 방법을 소개하겠다. 새로운 과정과 아이디어를 습득하기 위하여 우리가 해온 일, 다시 말해서 '일상적이지 않은 일을 체험' 하는 것에 대해 얘기해보자.

부자의 리더십

"지루한 일상을 보낼 것인가,
자유롭고 재미있는 하루하루를 보낼 것인가?"
물을 필요도 없지만 웬일인지 많은 사람들이 재미없는
일상을 보내고 있다.
나는 일하는 게 너무 즐거워 견딜 수 없다.
물론, 수십 억의 매출을 올리고 있기 때문에 분쟁은 있다.
그러나 분쟁 자체도 즐겁다.
매일 매일이 공부다. 아이디어는 샘처럼 솟는다.
나에게는 당신과 다른 점이 아주 조금 있다고 생각한다.
내 마케팅 기법이 왜 다른 사람과 다를까? 어떻게 단기간에
여러 개 회사를 설립하여 자유롭게 운영할 수 있었을까?
2부에서 확실하게 파악하기 바란다.

_ 히라 히데노부

Chapter 4

세상이 스승이다

히라와 히로타, 뉴욕에서 체포되다

"당신들 여기서 무엇을 하고 있습니까?"

뉴욕 경찰의 순찰차 몇 대가 우리 앞에 급정거했다. 경찰 여러 명이 허리춤에 꽂혀 있는 권총에 손을 대며 우리에게 달려들었다. 순찰차 안에 있는 경찰관은 흉악범 진압용 최루탄 총까지 겨누었다.

여기는 뉴욕. 세계의 중심지라고 하는 타임스스퀘어 한복판. 문제의 그날, 나와 히로타 그리고 다음 장에 소개할 우리들의 친구인 아베 세 명이서 장난을 치고 있었다. 9·11사건이 일어났던 때라 아직 그 여파가 남아 있어 거리에는 긴장감이 감돌았다. 그 때문에 평상시라면 대수롭지 않게 지나칠 수 있는 우리의 행동이 신고가 되었고, 경찰에게 포위당하는 상황에 이르렀다. 마치 영화의 한 장면 같았다. 영화라면 "경찰, 빨리 범인들 잡지 않고 뭐하고 있어!"라고 말했겠지만 현실에서는 감탄하고 지켜볼 만한 상황이 아니었다. 범인이 우리들이었기 때문에 붙잡히면 큰일이었다. 사건의 전말은 나중에 설명하기로 하고 먼저 알려둘 것은 우리가 늘 비일상적인 체험을 염두에 두고 사는 사람들이라는 점이다. 다른 사람과 조금이라도 다른 행동을 하는 무리들이라는 뜻이다.

남들과 같은 행동을 한다면 같은 생각, 같은 아이디어에 그쳐 남들과 비슷한 수입밖에 올리지 못한다. 무엇을 하더라도 언제나 달라야 한다. 항상 같아서는 재미도 없다.

무엇인가 새롭고 재미있는 일은 없을까? 언제나 눈동자를 굴린다. 그렇게 바라보면 세상은 놀랄 만큼 변한다.

지금 짐을 꾸려라

일상에 매몰되어서는 안 된다. 매일 같은 행동을 하고 일상생활을 반복해서는 당신의 상식도 딱딱하게 굳어버린다. 우리는 특이한 체험을 즐기며 새로운 아이디어, 기존의 상식을 뛰어넘는 발상을 창출한다. 마음이 동하면 여행을 떠난다. 어디로 갈 것인가는 우연에 맡긴다. 행선지는 발길 닿는 곳. 하지만 늘 원하는 여행을 할 만큼 뛰어난 감각을 자랑하지는 않는다.

특별한 체험을 하기 위한 여행의 핵심은 짐을 최소한으로 줄여야 한다는 것이다. 가능하면 가방과 노트북만 챙기고 속옷이나 칫솔도 갖고 가지 않는다. 그리고 여행지에 도착하면 근처 잡화점에 가서 그곳에서 필요한 생활용품을 산다.

오늘은 무엇을 할까? 그리고 나서 천천히 생각해본다. 한번 해보면 퍽 재미있을 것이다. 지금까지 가보지 않은 곳이 좋다. 아마 스스로 놀라게 될 것이다.

여행지에서 무엇을 할지 생각하다 보면 생각지도 못한 발상들이 솟아난다. 그리고 생각지도 못한 값진 결과를 낳을 수 있다. 중요한 사실은 항상 생활하고 있는 일상이 아니라 특별한 체험을 해야 한다는 것이다.

주목을 받는 비결

'여기 신문의 취재를 받아볼까!' 그렇게 생각했다. 우리가 처음으로 뉴욕에 유학했을 때다. 그런데 무엇을 하지?

그래서 미국인에게 부적을 나누어주기로 했다. 9·11 사건 직후였기에 뉴욕 시민들에게 기운을 내라고 용기를 북돋워줄 생각이었다.

부적은 니기가타의 깊은 골짜기에 은둔하고 있는 노인들이 정성껏 만든 지푸라기 링으로, 우리 친구인 서예가 니시가타 하쿠사이가 팔고 있는 것이었다. 니시가타는 뛰어난 서예

가이며 온화한 성품의 사람이지만 언뜻 보면 무섭게 생겼다. 머리털은 몽땅 뽑아 붓을 만들었는지 한 가닥도 남아 있지 않다. 그가 우리에게 부적 1,000개를 맡겼다. 좋은 사람이다. 빛나는 머리로 세상의 미래를 밝게 비추어주기라도 할 모양이었다.

아무튼 뉴욕의 가장 번화한 거리에서 우리들은 열심히 사람들에게 부적을 나누어줄 예정이었다. 재미있지 않은가? 이 의미있는 행사에 앞서 우리는 거리에서 만난 일본인을 붙잡고 출판이나 보도 관계자를 아느냐고 물었다. 그래서 뉴욕의 한 지방 신문 기자를 알게 되었다. 취재해줄 만한 신문사를 골라 취재 요청 팩스를 보내고 뉴욕에서 가장 사람들이 많이 모이는 타임스스퀘어 한 복판에서 부적 1,000개를 나누어 주었다. 뉴욕 사람들은 상당히 즐거워했다. 우리 주변에 사람들의 무리가 모여들었다. 근처 가게 점원들까지 나와 부적을 받고 싶어 했다. 기뻤다. 단, 사람들 수가 너무 많아서 통행이 불편해지고 있었다. 무리 밖에서 보면 무슨 일이 일어나고 있는지 전혀 알 수 없는 상황이었다. 다시 처음으로 돌아가보자.

"당신들 여기서 무엇을 하고 있습니까?"

길거리에서 물건을 나눠 주는 행위는 원칙적으로 금지인 듯했다. 신고를 받은 경찰이 곧바로 달려왔던 것이다. 연행될지도 모르니 조심하라고 미국에 살고 있는 일본인들이 미리 알려주었다. 그러나 우리가 "이것은 일본에서 갖고 온 선물,

굿럭 부적이다. 니기가타에서 만들었다. 니기가타를 압니까?" "뉴욕 시민들에게 용기를 주려고 이것을 나누어 주고 있소. 테러에 지지 마시오! 스타즈 앤드 스트라이프스 포에버!(성조기여 영원하라!)" "미국 만세!" 하면서 뜻도 모를 소리를 떠들어대자 경찰들도 용서해주었다.

나도 달라며 부적을 받아 쥔 경찰 몇 명은 웃으며 돌아갔다. 자신들의 직분은 잊은 듯했다. 자, 이 한 편의 소동에서 무엇을 얻었는가? 매스컴과의 연결이다. 뉴욕의 광고회사와 출판사에 연결고리가 생겼다. 이 장난이 화제를 불러일으켜 뉴욕의 몇 개 신문에 보도되었다. 그리고 그것이 다음 단계로 우리를 전진하게 해주었다.

생각지 못한 행동은 뜻하지 않은 결과를 낳는다. 이번에는 사막에 가서 낙타를 타고 새로운 아이디어를 내볼까 계획하는 중이다.

당신이 캐치카피다

텍사스에서 열린 마케터 세미나에 참석했을 때다. 우리를 포함한 일행 10명은 '이번에도 무엇인가 하자'고 다짐했다. 생각 끝에 동물 인형 복장을 하고 세미나장에 들어가기로 결정했다. 펭귄과 차력사 등 일본에서 온 괴상한 복장의 참가자들. 우리 중 하나가 "뭘 봐!" 하며 우리를 눈이 휘둥그래져서

보고 있는 미국 아이를 놀렸다.

설정이다. 우리는 보여주기 위해 그렇게 옷을 입었다. 부끄러운 (하지만 상당히 즐거운) 이 행동은 세미나 참석자들에게 잊을 수 없는 인상을 남겼다. 그리고 "저들은 누구인가?"라는 물음이 쏟아졌고 "일본에서 온 광대, 아니 마케터들로 피코크(공작새) 방법을 사용했다"는 이야기가 여기저기서 나왔다. 공작이 날개를 펼치듯 눈에 확 띄는 방법을 사용했다는 의미이다. 다시 말해 인간 캐치카피다.

미국의 유명한 마케터들의 웹사이트에 우리의 행동이 사진과 함께 소개되었다. 우리가 한 행동은 단순히 장난이었으므로 그것에 관한 코멘트는 전혀 없었다. 그러나 1년 뒤, 다시 텍사스에서 열린 마케터들의 세미나에서는 패널들과 함께 초밥을 먹으러 갈만큼 친해졌다. 우리의 악의 없는 엉뚱한 행동을 다들 즐겁게 기억하고 있었기 때문이다. 번역서에서만 보던 일류 마케터들을 실제로 만나게 된 우리는 놀라움을 금치 못했다.

그냥 내버려두면 간장 병이 비어버릴 정도로 초밥에 간장을 적셔 먹는 미국인들과 식사를 함께 하면서 우리는 그들에게 초밥을 먹는 올바른 방법을 가르쳐주었다. 그러는 와중에 그들이 우리에게 알려준 마케팅 힌트는 공식 세미나에서는 들을 수 없었던 방법들이었다. 마케터들끼리 공유하는 정보도 얻을 수 있었다. 테스트 중간의 결과는 극비사항 중 하나다. 기본적으로 테스트 결과 같은 고급정보는 '마스터 마인드 그룹' 끼리만 공유한다. 서로 데이터를 맞추어보고 정보를 공유하는 파트너 이외의 사람에게는 터놓지 않는 것들이다.

그런 그들이 미국에 있는 우리의 정신적 친구가 되었다. 현재도 광고와 세일즈 레터 반응률 등에 관해 이러저러한 결과가 나왔다며 의견을 보내오고 있다. 남들과 다른 행동을 함으로써 얻을 수 있는 이점은 이렇게 상상을 초월한다.

노천 카페에서 쓰는 세일즈 레터

히라는 외국에 가면 야외에서 식사를 한다. 그리고 지나가는 사람들을 관찰한다. 어떤 사람들이 있는가, 무엇을 하고 있는가, 무엇을 생각하고 있는가, 어떤 습관들이 있는가 등 그들의 인생을 상상한다. 예를 들어 이 중국 아줌마는 어디 태생이고 어떤 배경을 갖고 있는가? 입고 있는 옷을 보면 그렇게 부자는 아닌 듯하다. 남편은 같은 중국인일까? 몇 살 때 뉴욕에 왔을까? 아침은 무엇을 먹었고 지금은 어디를 가는 것일까?

이런 감각으로 그 사람의 인생과 생활에 관하여 머릿속으로 생각해본다. 다시 말해서 지나가는 사람들의 인생을 브레인덤프로 머릿속에 그려보는 것이다. 상대방 입장에서 보면 불필요한 참견일 수도 있다. 그러나 많은 것을 느끼고 관찰할 수 있다. 사람에게는 누구나 저마다의 인생 스토리가 있다.

그 이야기를 머릿속으로 전개해보는 것이다.

이것은 고객의 감정을 생각하는 연습도 되고 새로운 발상의 실마리가 되기도 한다. 히라가 쓰는 세일즈 레터의 비밀은 바로 여기에 있다.

노숙자에게 한 수 배우다

한번은 히라가 뉴욕 미드타운에서 어느 노숙자의 동냥 그릇을 지켜보고 있었다. 다른 노숙자들보다 그 노숙자는 훨씬 더 많은 돈을 받았다. 왜일까? 두 시간 정도 그를 관찰한 끝에 히라는 여러 가지 이유를 깨달았다. 우선 그는 동냥 그릇에 전에 받은 돈을 넣어 두었다. 또한 길게 늘어선 노숙자들 중 끝에서 세 번째 자리를 지켰다. 다른 노숙자들보다 조금은 말끔한 차림이었다. 구걸하면서 내미는 그의 손 안에는 약간의 잔돈이 올려져 있었다. 10센트짜리 동전 서너 개를 갖고 있는 식이다. 그 노숙자가 자리를 뜨려고 할 때 히라는 "당신만 왜 돈을 많이 받았는가?"라고 물었다. 그 노숙자가 대답했다.

"모두 아무 생각 없이 저 자리에 있다. 나는 항상 어떻게 하면 많은 돈을 벌 수 있을까 고민한다. 생각하는 사람과 그렇지 않은 사람과의 차이다."

그 노숙자가 취한 행동에는 모두 이유가 있었다. 복장, 동냥 그릇, 자리 잡은 위치 등등. 전부 계산된 것이었다. 그 노숙자는 연 수입 만 5천 달러 정도를 올리고 있었다. 노숙자라도 연구하고 있는 것이다. 하지만 그렇게 할 정성이면 다른 일을 해도 성공했을 거라는 생각이 들었다.

가능성을 여는 대화법

당신도 사귀어 보라. 사귄다고 해서 "아가씨! 차나 한 잔 할까!"라는 얘기가 아니다. 특이한 체험을 하는 여행지에서 상대를 가리지 않고 말을 걸어보라. 이성을 사귀기 위한 것이라도 상관없다.

히라는 해외에서 만난 사람에게 반드시 이야기를 건네는 습관이 있다. 어떤 계기만 있다면 즉시 말을 걸어 친해진다. 다시 말해 사귀는 일에 적극적이다.

말을 거는 자체가 동기가 되어 도와주는 사람이 많다. 이국이라면 현지에서 오래 산 사람에게 도움을 받는 일이 수치스러운 일이 아니다. 게다가 해외에서는 같은 민족에 대한 유대감이 강화되기 때문에 어떤 직업을 가진 사람이라도 부탁만 하면 반드시 도움을 얻을 수 있다.

뉴욕에 있는 우리 회사의 감사인 오키모토는 뉴욕 유학 중에 알게 된 친구다. 벌써 여러 해 전의 일이다. 그는 25개국을 다니며 광고 디자인을 연구하고 있다. 수염을 길러 인상이 험악해 보이지만 알고 보면 아주 부드러운 사람이다. 해박한 지식에 언제나 뉴욕 양키스 모자를 쓰고 다닌다. 뉴욕에서 회사를 설립할 때 회계 전문가와 변호사 등 많은 사람들의 도움을 받았다. 만약 그가 없었다면 뉴욕에서의 회사 설립은 불가능에 가까웠을 것이다.

아리사도 해외에서 우리 일을 많이 도와주었다. 당시 뉴욕 광고회사에서 일하고 있던 그녀는 수십 명에 달하는 '그 계통의 프로'들을 소개해주었다. TV관계자, 촬영스태프, 보그지 표지를 담당하고 있는 스타일리스트에서 마케팅 책임자까지. 아리사는 프랑스인 J씨와 결혼해서 현재는 코르시카 섬에서 회사를 운영하고 있다.

발리에서 알게 된 마에다 씨도 마찬가지다. 우리가 발리에서 열리는 세미나에 참석할 때는 어떤 형태로든 그의 도움을 받는다. 그는 현재의 인도네시아 경제 현황, 발리 섬으로 들어오는 일본으로부터의 자금 흐름 등 많은 정보를 제공해준다.

외국으로 놀러 가는 사람들은 많다. 그러나 현지에서 오래 살고 있는 사람과 사귀면서 지속적인 관계를 유지하고 다양한 정보를 얻는 이는 많지 않다. 모르는 사람이나 조금이라도 관계가 있는 사람에게 먼저 이야기를 걸어 사귀어 보자. 그래서 얻을 수 있는 것은 놀라울 정도다. 자신의 새로운 가능성을 크게 열어가는 좋은 방법이다. 다른 사람의 도움을 구하라.

당신도 특별한 체험을 할 수 있는 여행을 떠나보라. 돈이 없고 시간이 없다는 것은 이유가 안 된다. 돈과 시간을 만들 수 있는 아이디어, 다음 단계로 발전하기 위해서 여행을 가는 것이기 때문이다.

인생의 뒷면

이제부터 이야기는 조금 무거워진다. 기분이 나빠질 것 같은 사람은 건너 뛰어도 좋다.

또한 이런 행동을 당신에게 권할 생각은 조금도 없다. 다만 우리가 느낀 점, 얻은 것을 공유하고 싶을 뿐이다. 빈민가에 가 본 적이 있는가? 우리는 여러 나라의 빈민가를 돌아다녔다. 지금도 기회만 있으면 그 나라의 빈민가에 가본다. 그곳에서 경험하는 일들은 일본에서는 상상도 할 수 없는 것들이다. 나이아가라 폭포를 보면 인생관이 달라진다는 이야기를 듣고 가봤는데 우리는 변하지 않았다. 폭포 밑에 들어가 한바탕 물을 뒤집어쓰고 감기에 걸렸을 뿐이다.

하지만 빈민가에 가보면 정말로 인생관이 바뀐다. 자신이 왜 살고 있는지, 무엇 때문에 노력하는지, 그리고 자신이 할 수 있는 일은 무엇인지 등을 다시 한 번 생각하게 된다.

돈의 중요함, 목숨에도 가격이 있다는 것들을 실감할 수 있다. 빈민가에 살고 있는 아이가 차에 치어도 자동차는 그대로 가버린다. 경찰도 범인을 잡지 않는다. 그들은 우리와는 다른 목숨의 값어치를 가지고 산다. 의사인데도 중이염 정도의 병으로 죽기도 한다.

그곳에서 돈은 더 이상 중요하지 않다고 떠들어봐야 소 귀에 경읽기다. 인정할 것인가, 인정하지 않을 것인가, 좋은가, 나쁜가의 문제가 아니라 '현실'만 있을 뿐이다. 일본의 일상과는 다른 '현실'이다.

어느 빈민가를 관통하는 강에는 2주에 한 번 정도 사람의 시체가 떠오른다고 한다. 일상적으로 보는 일이라서 그런지 강가에서 만난 주부는 자신이 사망 시간까지 추정할 능력이 있다고 자랑했다. 정말 그럴까 하는 생각이 들었지만 본인은 자신에 차 있었다. 쓰레기장에 시체가 버려져 있는데도 놀라지 않는다.

치안 상태가 좋지 못한 나라에서는 도너츠 가게 앞에도 총을 든 무장 경비가 서 있을 정도다. 은행처럼 돈을 다루는 곳에서는 권총이 기관총과 로켓포로 무장한 경비원으로 바뀌었을 뿐이다. 버스를 타면 교차로에서 총을 든 강도가 갑자기 타기도 한다. 골프를 치러 가도 각 홀마다 무장한 경비가 지키고 있다. 한 번은 히로타가 실수를 해서 골프장 밖 민가로 공을 날려보냈다. 혹시 지붕에 구멍이라도 나지 않았을까 걱정이 돼 그곳에 있던 병사에게 물었다. "괜찮습니까?" 그러자 그 병사는 "괜찮소. 이것이 있으니까!" 하더니 M16 총을 치켜들면서 미소 지었다.

친구인 K씨는 분쟁 중인 나라에서 상공을 날고 있는 정부

군 헬기로부터 기총소사를 받았다. 바로 옆에 총탄이 박혔지만 다행히 총에 맞지는 않았다. 히로타가 방콕에서 도움을 받았던 솜차이 씨의 친구는 무에타이 시합 중 건너편 관중석으로부터 기관총 세례를 받고 세상을 등졌다. 그 당시 시합을 하고 있던 상대는 히로타와 함께 연습하고 배운 7관왕 초몬페트였다. 진압하려는 병사와 범인의 총격전이 발생해 시합은 4라운드에서 중단되었다. 일본에서는 상상하기조차 힘든 일이 일상에서 벌어지고 있다.

최악의 상황에서도 배운다

이십 여 년 전 히로타가 태국 방콕에 있을 때 일이다. 당시 그는 킥복싱을 하고 있던 관계로 현지 선수들과 같은 환경에서 살고 있었다. 그때만 해도 콜레라 주사를 맞지 않으면 입국할 수 없는 때였다. 선수 숙소에 있으면 난생 처음 보는 벌레가 눈앞에서 기어 다녔다. 그 벌레가 독을 품고 있는지 없는지도 알 수 없었다. 날아오는 모기 중에는 말라리아를 옮기는 놈도 있었다. 밖에 나설라치면 "숲 속에는 가지 마시오!"라는 주의를 받았다. 코브라가 숨어 있기 때문이었다.

먹는 물은 빗물을 받아 마셨는데, 옥외에 있는 물통에 빗물이 가득 담겨 있었다. 자세히 보면 모기 유충이 우글거렸다. 물통 가장자리를 두드리면 모기 유충들이 가라앉았다. 유충들을 걷어내고서 물을 떠마시고 그 물로 몸을 씻었다. 화장실은 웅덩이만 파놓았을 뿐 종이 같은 것은 없었다. 왼손으로 닦고 그 손을 화장실 안에 있는 솔로 닦았다. 식사는 손으로 먹었는데 오른손만 사용했다. 왼손은 사용하지 않았다.

벌써 20년도 더 된 이야기이니 지금은 환경이 좋아졌을 것이다. 그런데 이런 생활을 체험해보면 어떤 고난도 견뎌낼 수 있다는 자신감이 든다. 만일 모든 것을 잃는다 해도 어떻게든 헤쳐나갈 수 있다는 생각이 든다. 그리고 돈을 벌면 무엇을 할 수 있을까 생각하게 된다. 자신이 살고 있는 의미와 돈을 버는 의미를 다시 한 번 생각할 수 있게 되는 것이다.

히로타가 존경하는 타히보재팬의 도요나카 씨는 전쟁 중에 거주했던 나라에 학교를 세웠다.

우리도 학교를 세우는 것이 하나의 꿈이다. 어디에 세울 것인가는 생각해보지 않았으나 계속 후보지를 찾고 있다. 일본에서와는 달리 극히 적은 돈으로 학교를 세울 수가 있다. 믿을 수 있는 적임자가 나타난다면 반드시 세우고 싶다.

인간이 인간답게 살기 위해서 교육은 꼭 필요하다.

무언가를 배우기 위해서 일부러 위험한 곳에 갈 필요는 없다. 하지만 빈민가에 가본 우리는 인생관이 바뀌었다. 자신이 왜 열심히 사는지 잘 모르겠다는 사람, 결심이 굳어지지 않은 사람에게는 반드시 도움이 된다. 아마도 두 번 다시 방황하지 않게 될 것이다. 단, 빈민가에 갈 때는 주의해야 한다. 깨끗한 복장을 하고 가면 돌아올 수 없게 될지도 모르기 때문이다. 게다가 분쟁 중인 국가에는 가지 않는 것이 좋다.

다양한 경험을 해보자. 어디에나 배울 점은 있다. 그 경험이 특이하면 특이할수록 많은 것을 얻을 수 있다. 새로운 아이디어와 발상은 자신이 이미 갖고 있는 의식의 범위 밖에 있기 때문이다. '의식의 범위 밖'. 이미 이것을 실행하고 있는 친구가 있다. 다음 장에서는 그 친구를 소개하겠다.

Chapter 5

억만장자
아베의 경우

세일즈의 천재

손에서 광선을 쏘는 초능력을 가진 억만장자가 있다. 우리의
친구 아베 씨. 그는 주택회사를 설립하고 겨우 1년 만에 지
역에서 1위를 했고, '연간 성장률 일본 1위'(일본 홈빌더 조
사)라는 영광을 누렸다. 한마디로 슈퍼맨이다. 그는 언제나
보통 사람이 생각하지 못하는 행동을 한다.

아베가 경영하는 '아루루 홈즈 밝은 회사'는 '아루루 홈즈
밝은'까지가 회사명이다. 주식회사까지 붙이고 읽으면 '아루
루 홈즈 밝은㈜'라는 어색한 이름이 된다. '장례식 화환을
보내려면 곤란하겠군' 하는 쓸데없는 생각을 해보지만 본인
은 아랑곳없다.

히로타의 회사도 간혹 '새디스트 홈'으로 잘못 읽히기 때문에 이쪽도 문제인데 히로타는 그 반대라고 생각하고 있다.

비즈니스 이야기로 돌아가서…… 아베는 세일즈의 천재다. 히로타의 영업 스태프들은 전국 제일을 자랑한다. 그러나 그들도 아베에게는 적수가 되지 못한다. 아마도 우리가 알고 있는 한 일본에서 세일즈 부분만큼은 그를 이길 수 있는 사람이 아무도 없다. 세일즈맨 출신 컨설턴트들은 그의 발뒤꿈치도 따라가지 못한다. 실천하는 방법과 양이 다르다.

이 정도 칭찬을 했으면 아베가 긴자에 데려가 초밥 정도는 사야 하지 않을까! 기분파인 아베의 멋진 에피소드를 소개해 보도록 하겠다.

손에서 나오는 광선은? 그 이야기는 조금 뒤에 하기로 하자.

텐트에서 맞이한 고객

주택회사에서 독립한 아베. 그가 가장 먼저 한 일은 광고 전단지를 붙이는 것이었다. 이쪽 사업은 광고 전단지를 붙이지 않으면 안 된다. 전단지 같은 홍보물 없이는 아무도 주택회사를 경영하고 있는지 모르기 때문이다. 하지만 그것부터가 문제였다. 처음에 보여 줄 집이 없는 것이다. 광고 전단지는 전시회장이나 모델하우스 등 실제로 보여 줄 집을 제시해야 한다. 그렇지 않으면 고객이 모이지 않는다.

아베는 〈모델하우스 견학〉이라는 전단지를 붙였다. 그러나 보여 줄 집이 없었다. 그래서 벌판에 텐트를 치고 고객을 기다렸다. 전단지를 본 고객들이 주소를 보고 찾아왔다. 그들을 맞이한 것은 아베와 지금은 매니저로 일하는 스즈키였다.

"아니, 견학회장이 여기요?"

"그렇습니다. 어서 오세요!"

"집이 없잖아!"

"무슨 말씀이십니까? 그것을 설명해드리기 위해 저희가 있는 겁니다."

이게 무슨 말도 안 되는 대답이란 말인가. 주택 견학이라고 해놓고 고객을 텐트에서 맞이하고 보내는 것이었다. 그러나 그 당일날 세 명의 고객이 아베와 계약을 했다. 당일 세 명의 계약도 대단하지만 집도 보여주지 않고 계약을 했다는 것자체가 더 놀라운 일이다. 더욱이 그 고객들이 취한 행동은 놀라울 정도로 멋있다.

"그런가! 당신들 집은 지금부터 시작인가? 그럼 돈이 부족할 텐데"하면서 미리 계약금을 지불했다. 지금도 아베는 그고객들과 아주 가깝게 지내고 있다. 그들은 그 뒤로도 아루루홈즈가 점차 성장하는 모습을 지켜보며 무척 기뻐해주었다.

사람은 '나에겐 아무것도 없다' 또는 '자금이 부족하다' 는 등의 이유를 댄다. 아무것이 없어도 할 수 있다. 해낸 사람이 바로 여기에 있다. 그러니 엄살을 떨어서는 안 된다.

모델을 비서로 둔 회사

아베는 처음에 직원을 고용할 돈이 없었다. 그래서 하청회사에 가서 입간판을 얻어왔다. 그 당시 유명했던 아이돌 연예인 기쿠이케 모모코가 방긋 웃고 있는 전신 간판이었다. 직원을 고용할 수 있을 때까지 기쿠이케는 아루루 홈즈의 비서가 되었다. 아무 말도 하지 않고 움직일 수도 없기 때문에 전혀 도움이 되지 않았지만.

깊은 밤 아베가 사무실에서 혼자 일하고 있으면 뒤에서 사람의 기운이 느껴졌다. 깜짝 놀라 돌아보면 언제나 웃고 있는 기쿠이케 모모코였다. "우리 회사 여직원입니다!"라고 웃으며 기쿠이케를 소개하는 이런 아베에게 고객들은 따뜻한 정을 쏟아주었다. "자, 제가 차를 내지요"라며 자신이 직접 차를 대접하고 다른 고객의 복사를 도와주기도 했다.

기업을 세울 때 아무것도 없는 것은 당연한 일이다. 그렇지만 그 와중에도 열심히 노력하는 자세야말로 고객을 감동시킨다.

'이 사람은 성공한다!'

유능하고 젊은 경영자라는 느낌을 받은 사람을 도우려는 사람은 반드시 있다.

영업은 즐거워라

아베가 전직을 해서 방문 영업을 할 때였다. 방문 영업으로 주택을 판다는 것은 엄청나게 힘든 작업이다. 팔릴 리가 없기 때문이다. 대기업에서는 능력 없는 신입사원을 그만두게 하기 위해 방문 영업을 시키기도 한다. 벨을 누르고 "안녕하세요! 00홈인데 신축 계획 있으십니까?"라고 물으면 "필요 없어요!" 하며 문이 쾅 닫힌다. 신축이라니, 그런 계획이 있을 리가 없다. 설령 있다고 해도 누구인지도 모르는 사람에게 맡길 이유가 없다. 이런 상황이 계속 이어지면 영업사원은 살고 싶은 생각이 안 들 정도로 지친다. 영업은 고생이다. 팔리면 장미빛 인생이다. 하지만 팔지 못하면 회사는 물론 자신도 사회의 쓰레기가 된다. 누가 그렇게 이야기하지 않아도 스스로 자책감에 빠져 절망한다. 아베는 여기서 주저앉지 않았다.

'방문 영업은 힘들다. 하지만 어떻게 하면 즐겁게 할 수 있을까?'

방문 영업 노하우에는 중요한 포인트가 있다. 벨을 누르고 도어스코프를 손가락으로 막는다. 손가락 혈관 때문에 안에서 보면 빨갛게 보인다. 실제로 해보라. 그리고 '뭐지?' 생각하며 안에서 문을 열면 재빨리 한 발을 안으로 들여놓고 문을 닫지 못하게 한다.

그러고는 안으로 들어가 "여깁니다. 여깁니다!" 하면서 멀쩡한 곳을 지적한다. 그러나 아베는 그러한 방문 판매를 피했다. 즐거움을 찾아보자! 그는 이렇게 생각했다. 가고 싶은 집만 가면 그만이다. 가고 싶지 않은 집은 가지 않는다. 그래서 아베는 젊고 아름다운 부인이 있는 집을 찾아 방문하기로 했다. 상대방이 사줄지 여부는 나중 문제다. 우선은 자신이 좋아할 수 있는 사람이 있는 집으로 간다. 이상형의 부인이 있는 집을 찾아 가는 일은 즐겁다.

"안녕하세요! 주택 세일즈맨인데 사달라는 말은 하지 않겠습니다."

"네?"

"부인을 보기 위해 찾아왔으니 무슨 일 있으시면 말씀해주세요!"

이상하게 들리겠지만 아베는 '당신이 좋아할 수 있는 사람은 (그 사람 역시) 당신을 좋아해준다(줄 것이다)'는 방법을 사용하여 방문 그 자체를 즐거운 일로 만들었다. 그러는 중에 우연히 이야기가 술술 풀리기도 하고 "남편이 계실 때 다시 한 번 방문하겠습니다"라고 말할 수 있게도 된다. 놀러 온 것이 아니므로 "언젠가 새로운 집이 지어지면 갖고 싶겠지요?"라는 말도 당연히 잊지 않는다. 여기서 상대방은 흔쾌히 그러겠다는 대답을 한다. 언젠가이기 때문에 전혀 부담이 없다. 우리라도 그렇게 말할 것이다. 아베는 이렇게 미래의 고객을 확보했다.

무엇보다 즐겁게 일을 하다 보면 소개를 받거나 여러 가지 좋은 일들이 일어난다. 방문 영업은 일반 영업보다 훨씬 어렵다. 그러나 아베는 이러한 방문 영업으로 부채 1억의 영업소를 경상이익 1억짜리로 바꿨다. 사람은 어떤 상황에서도 즐겁게 일을 할 수 있다. 즐겁게 일하지 않는 사람이 물건을 팔수는 없다. 만약 당신이 즐겁게 일을 하고 있지 않다면 즐겁게 할 수 있는 방법을 고안해내면 된다. 즐겁게 일하는 사람이야말로 상대방도 즐겁게 만든다.

자극을 주는 존재

"히로타 씨! 좋은 사람과 같은 방을 쓰게 됐네요."

"히라 선생님! 감사합니다!"

좋은 사람이라면 예쁜 여자? 아니야, 그렇지 않을 거야, 히로타가 혼자서 이런 저런 상상을 하며 방에 도착했을 때, 팬티 차림으로 침대에 누워 잠들어 있는 사람이 아베였다.

아베와 히로타는 내가 주최한 세미나에서 서로 알게 되었다. 당시 나는 컨설턴트로서 고객 유치 세미나를 열고 있었다. 비용절감에 관한 세미나는 이미 열었기 때문에 그날은 히라식 고객 유치법을 알리는 기념할 만한 세미나였다. 아베와 히로타는 둘 다 그 세미나의 참석자였다.

그전부터 아베와 잘 알고 있었던 나는 아베와 히로타를 연결시켜주기 위해 같은 방에 머물게 했다. 그 후 아베와 히로타는 서로 협력해 자극을 주며 열심히 일하고 있다. 히로타가 지금까지 열심히 할 수 있었던 것은 부끄럽지 않은 제자가 되어야 한다는 마음과 아베를 보며 열심히 노력해야겠다는 다짐을 게을리 하지 않았기 때문이다.

당신도 훌륭한 스승이나 형제, 제자 등 자극을 주는 존재가 곁에 있으면 도움이 된다. 터보 엔진을 장착한 것처럼 성공이 가속될 것이다.

여담인데, 아베는 코를 심하게 골기 때문에 우리는 항상 젖은 수건을 준비해야 한다.

백발백중! 여자들을 울리는 질문

아베와 같이 있던 여자가 레스토랑에서 갑자기 울음을 터뜨렸다. 뉴욕에서 만난 유학생인데, 특별히 울리려고 한 것도 아닌데 여학생은 펑펑 울어버렸다. 아베는 평소에도 여자를 잘 울린다. 아베가 다른 사람을 울리는 데 사용하는 테크닉을 알려주었다. 그는 먼저 여자에게 이렇게 묻는다.

"싫어하는 사람이 있어요?"

"네!"

"어떤 사람이요?"

그럼 상대방은 이야기를 시작한다. 다른 사람의 기분을 생각해주지 않는 사람, 도중에 포기하는 사람, 자기 자신에게만

관대한 사람, 이런 사람 저런 사람 등등……

"그게 다 당신 이야기 아닌가요?"

그 말을 들은 여자들은 얼마 동안 침묵을 지키다가 왈칵 울음을 터뜨린다. 옆에서 보고 있던 내 입에서 역시! 하는 감탄사가 흘러나온다.

당신도 생각해보라. 자신이 싫어하는 사람! 이미 답은 알고 있으므로 또 한 가지 추가해보겠다. 자신이 좋아하는 사람, 존경하는 사람, 닮고 싶은 사람? 좋은 쪽과 나쁜 쪽 모두 다섯 명씩 들어보면 재미있는 일이 벌어진다.

우선 싫은 사람은 당신이 '극복'하고 싶다고 생각하는 자신의 약점을 가진 경우가 많다. 그리고 좋은 사람이나 존경하는 사람은 당신이 이미 갖고 있는 점을 갖춘 사람들이다. 다시 말해서 모두가 당신의 머릿속에 있다. 자신이 갖고 있는 개성에서 답이 나올 수밖에 없다. 그러므로 이 대답들은 자신의 성장과 더불어 변한다. 자신을 들여다보는 연습을 하면 흥미로운 결과가 나온다.

고객이 말하게 하라

아베가 주택 모델하우스에서 손님과 처음 만났을 때다.

"왜 저희 모델하우스에 오셨습니까?"

"네? 집을 짓고 싶어서 아니겠습니까?"

"왜 집을 짓고 싶으신가요?"

"당연히 집이 필요해서지요."

"왜 필요하신데요?"

"왜라니요…… 지금 아파트는 방이 작아서……."

"왜 작지요?"

"아이가 커서 중학교에 들어가거든요."

이런 느낌이다. 특별히 재치 게임을 하는 것도 아니기에 "왜 아이가 큽니까?"라고는 묻지 않는다. 고객에게 무엇을 사게 하기 위해서는 고객이 갖고 있는 고민과 문제를 해결할 수 있는 제안을 해야만 한다. 아무리 열심히 세일즈를 해도 원하지 않는 것은 사지 않는 것이 고객이기 때문이다.

고객이 원하는 것을 제대로 대답하게 하는 방법이 필요하다. 그래서 "왜?"라고 묻는다. 이것이 세일즈의 가장 기본적인 접근 방법이다. 아베는 스태프들에게 이렇게 말한다.

"세일즈란 들어야 할 소리를 제대로 듣고 있는가에 달려 있다. 이것이 핵심이다."

어쨌든 "왜?"라고 물으면 좋다. "왜?"

손에서 광선을 쏘는 남자

아베가 손에서 쏘는 광선 이야기는 비즈니스와 관계있는 이야기는 아니다. 그는 특별한 초능력자가 아니다. 이 얘기는 간단히 마치고 싶다. 이런 괴이한 이야기를 별로 듣고 싶어 하지 않는 사람들도 많기 때문이다.

그런데 왜 나는 이것을 제목으로 삼았을까? 이 책을 읽는 사람들의 호기심을 유발하기 위해서다.

이것이 세일즈 레터의 기본이다. 하지만 거짓말은 안 된다.

미리 말하지만 이 이야기는 마케팅과는 전혀 관련이 없다는 점을 알려둔다. 사실 아베는 기공사다. 그는 상하이에서 유명한 기공 선생으로부터 배웠다. 손을 대기만 해도 음료수의 맛이 변하고 병을 고친다. 우리들도 몸 상태가 안 좋을 때 도움을 받는다. 믿고 안 믿고는 당신의 자유다. 우리도 우리가 본 것만 믿는다. 그러나 역시 이런 이야기는 이상하다. 그러므로 에피소드 한 가지만 소개하기로 하겠다.

뉴욕의 어느 바에 갔을 때 일이다. 여주인이 일본의 유명한 연예인의 딸이라 널리 알려져 있는 곳이었다. 뉴욕에서 알게 된 스타일리스트의 생일이어서 우리는 그곳에서 축하 파티를 열었다.

우리는 소파에 앉아 여자들과 담소를 나누고 있었다. 아베는 인기가 좋았다. 왜냐하면 손을 대기만 해도 음료수의 맛이 변하고 장풍으로 머리카락을 흩날리게 하는 마술 같은 일을 벌이기 때문이었다.

가게 안의 여자들이 아베 앞에 줄을 섰다. "다음은 저요!" 하면서 아우성들이었다. 이런 소란 속에서 가게 한구석에 앉은 히로타가 조용히 술을 마시고 있었다.

아베는 여자들의 고민 상담을 해주고 있었다. 어떤 여자는 류마티즘 때문에 힘들다며 고통을 토로했다. 치료법이 없다고 알려진 병이었다. 생리불순, 피부 건조, 어깨 결림, 허리가 아프다는 사람, 남자가 필요하다는 여자, 인생 고민에 빠져 있는 사람, 온갖 병으로 고민하고 있는 사람들이 아베에게 해결책을 문의했다. "정말 효과가 있을까?" "기분 아니야?"라는 소리도 여기저기서 들려왔다.

히로타는 여자 한 번 만져보고 싶어서 저런다며 혼자 중얼거렸다. 아무튼 상대는 일본 제일의 화술을 가진 세일즈맨이다. 남자답고 피부도 탱탱하고(자기 자신이 그렇게 말한다) 손에서는 이상한 것이 발사된다. 히로타가 도저히 이길 수가 없다. 자신이 그날 계산을 해야 된다는 사실을 깨닫고 히로타가 지갑에서 막 돈을 꺼내려는 순간 아베가 그에게 광선을 발사했다. 효과가 있었던 것일까? 우리는 알 수 없다. 어쨌든 상관없다. 인생이란 생각하기 나름이다. 믿으면 도움을 받을 수 있다. 개똥도 약이라고 생각하면 약이 될 수 있다.

다음 날 저녁 히로타는 한 통의 전화를 받았다. "히로타 씨! 어제 저녁엔 고마웠어요. 그래서……" 생일이었던 스타일리스트 여성이었다.

"류마티즘으로 고생하던 여자가 오늘 병원에 가서 검사를 해보니 상태가 많이 좋아졌다네요!"

Chapter 6

최강의 팀이 최강의 리더십으로 뭉쳤다

하루 세 시간 이상 일하지 마라

당신이 진정으로 돈을 벌고 싶다면 하루 세 시간 이상 일해서는 안 된다. 뭐라고? 무슨 말이야! 히라는 늘 재가 되도록 일하라고 말하지 않았는가!

단도직입적으로 말하면…… 하루 세 시간 이상 일하는 사람은 수입이 적다. 세미나가 열린 산안토니오 호텔의 풀장에서 히라는 나에게 이렇게 말했다.

"히로타 씨! 예전에 나는 일하는 시간에 비례해서 수입이 많아지는 줄 알았어요. 하지만 그렇지 않다는 사실을 발견했습니다. 실제로 일하는 시간이 긴 사람들일수록 수입은 적어요. 하루 세 시간 이상 일하느냐 않느냐에 따라 수입은 10배

이상 차이가 납니다. 히로타 씨가 1000만 엔 정도의 수입에 만족한다면 이대로 좋아요. 그렇지만 1억 엔 이상을 생각한 다면 하루 세 시간 이상 일하지 마세요."

여기서 말하는 '일'이란 단순 작업을 말한다. 컴퓨터 앞에 앉아 키보드를 두드리거나 현장에서 거드는 일 정도다.

이러한 활동은 세 시간으로 충분하다. 이것이 세 시간 이상 일하지 않는다는 진정한 의미다.

"그 대신에 히로타 씨! 나머지 21시간은 자신의 뇌를 풀가 동시켜 어떻게 하면 비전을 실현시킬 수 있을지, 효과적인 방법은 무엇인지, 다른 새로운 아이디어는 없는지, 부단히 연구하지 않으면 안 됩니다. 왜냐하면 그것이 회사를 이끌어가는 히로타 씨의 진짜 일이기 때문입니다."

화장실 청소를 하면 운이 좋아져 돈이 들어올 거라면서 여유를 부릴 필요가 없다. 청소는 청소를 담당하는 사람에게 맡기면 그만이다. 화장실을 깨끗이 청소했다고 돈을 벌 수 있다면 청소부 아줌마들은 모두 억만장자가 되어 있을 것이다. 그럴 시간이 있으면 차를 마시거나 산책을 하며 아이디어 하나라도 더 생각하는 편이 도움이 된다.

원래 리더는 아이디어나 새로운 전략을 내놓지 못하면 자격 미달이다. 팀원들에게 배척받게 된다. 단순 작업에 몰두하는 리더는 자신이 안고 있는 압박감으로부터 도망치려는 의도를 가지고 있다. 우리는 그렇게 생각한다.

당신이 연 수입 1000만 엔에서 3000만 엔의 벽을 돌파하고 싶다면 지금 즉시 하루 세 시간 이상 일하지 않는다는 결심을 해야 한다. 이 말을 가슴 깊이 새겨두기 바란다.

단, 당신이 아직 리더가 아니거나 연 수입이 1000만 엔에 미치지 못할 경우 더 긴 시간 동안 일해야 할 것이다.

시간을 벌어주는 팀 메이킹

우리는 시간을 사지 않으면 안 된다. 그러기 위해서는 팀을 만들어야 한다. 왜 시간 이야기에 팀이 등장하는가? 이해를 돕기 위해 하나의 이야기를 예로 들어보겠다.

고객은 우리로부터 무엇을 사고 있는지 생각해 본 일이 있는가? 물론 있을 것이다. 그러나 좀더 깊이 생각해보자. 가령, 우리는 집을 팔고 있다. 이것을 예로 들어보자. 고객은 우리로부터 '싸고 좋은 집'을 산다. 즉, 가격이나 품질 면에서 말이다. 하지만 그런 것뿐만 아니라 모든 비즈니스에 공통으로 적용되는 보다 근본적인 것도 사고 있다. 그것이 무엇일까? 고객이 사는 것은 바로 시간이다.

만일 고객이 가장 싼 집을 지으려고 한다면 다른 데서 사는 것보다 훨씬 싸게 지을 수 있는 방법이 있다. 우선 집을 짓고 싶은 본인이 건축회사에 취직하거나 기술자가 되어 집을 짓는 방법을 배운다.

7년 정도면 할 수 있다. 그리고 집 지을 만큼만 재료를 사서 스스로 집을 지으면 된다. 기술자에게 지불될 인건비도 줄일 수 있기 때문에 값싸게 집을 지을 수 있다. 7년이라는 시간을 허비할 생각만 있으면 생각보다 몇 백만 엔 정도는 더 절약할 수 있을지 모른다. 바꾸어 말하면 몇 백만 엔에 7년이라는 시간을 살 수 있다는 뜻이다. 마케팅 교재를 살 때도 마찬가지다. 하려고 한다면 자신이 돈을 들이지 않고 여러 가지 조사를 하여 공부하고 테스트를 반복해서 배워나갈 수도 있다. 즉, 마케팅 기술을 직접 습득하면 된다. 테스트를 할 때 비용이 들기는 하지만 교재 분량의 정보는 얻을 수 있다. 그렇지만 이렇게 하는 사람은 없다. 몇 년의 시간이 걸릴지 모르기 때문이다.

고객은 우리로부터 '시간'을 사고 있다. 그들은 수년 동안 배울 시간을 사는 것이다. 우리도 똑같다.

사업을 하며 돈을 버는 일은 혼자서도 가능하다. 그러나 10명의 팀이 1년 동안 할 수 있는 일을 혼자서 하려고 들면 단순히 생각해도 10년은 걸린다. 스태프들이 당신과 팀을 이룰 때까지 배운 기술을 공부하는 시간까지 고려하면 10년 이상의 시간이 소요될 것이다. 당신이 신이 아닌 보통의 인간이라면 기껏해야 100년 내외의 인생이다. 우리의 인생은 짧다. 모든 것을 직접 배우고 혼자서 할 수도 있겠지만 그렇게 해서는 목표 달성 이전에 이미 죽을 것이다.

우리는 시간을 단축하고 싶어 한다. 그래서 값비싼 돈을 지불하면서라도 팀을 만드는 것이다. 이것이 절대적으로 필요하다는 사실을 알아두기 바란다.

좋은 팀을 구성하기 위해서는 뛰어난 리더가 되어야 한다. 당신은 리더가 해야 할 일을 알아두기만 하면 된다.

다른 사람에게 맡긴다

'자신이 할 수 있는 일은 직접 한다.' 어렸을 때 부모와 선생님으로부터 귀에 못이 박히도록 들은 이야기다. 하지만 '스스로 할 수 있는 일을 직접 하는 것'이 비즈니스에서는 안 좋을 때가 있다. 무엇이든 직접 한다는 생각이 자신의 생명을 단축시킨다. 직접 할 수 있는 일도 다른 사람에게 맡길 줄 알아야 한다. 직접 하는 것보다 다른 사람에게 맡기는 편이 사실 정신적으로 더 힘들다. '맡겨도 되나?' 하는 쓸데없는 걱정을 하면서 스태프의 일에 참견하기 쉽다. 그러나 이것은 리더의 일이 아니다.

모든 것을 직접 하려고 하면 시간이 한정되어 있기 때문에 결국은 한계가 드러난다. 극단적인 이야기지만 당신이 '세계의 도요타'와 같은 일을 하려고 한다면 도요타 자동차를 통째로 사면 당장 내일이라도 가능하다.

팀에는 한계가 없다는 점을 기억해두기 바란다. 어쨌든 당신은 직접 모든 일을 하려고 하지 말고 어떻게 하면 다른 사람을 움직여서 비전에 가까이 다가갈 수 있을지만 생각할 일이다. 이것이 리더의 일이다.

사장이란 리더이며 사령관이다. 군대 사령관이 대포를 들고 최전방으로 나서고 한 명의 병사처럼 싸운다면 군이 어떻게 되겠는가. 부대가 적을 어떻게 공략하면 좋을지, 언제 철군을 할지 전혀 알 수 없게 된다. 전체를 파악하지 못하기 때문이다. 그 결과 부대는 전멸을 당할 수도 있다.

사령관은 지도를 보고 적군의 동향을 파악하며 어디서부터 어떻게 공격해야 이길 가능성이 가장 높은가, 아군의 피해는 어느 정도인가 등에 신경을 쓰지 않으면 안 된다. 이것이 사령관이 해야 할 일이다. 회사의 사장도 마찬가지다.

팀 속에 뛰어난 사람, 뛰어나지 못한 사람은 존재하지 않는다. 있다면 그 부서 안에서의 역할 뿐이다. 사령관의 일은 전략과 전술을 짜는 것이다. 전투를 하는 사람은 따로 있다. 역할을 망각해서는 안 된다.

리더는 올바른 전략을 짜고 팀원에게 승리를 안겨주는 일이 최우선이다. 리더의 역할은 부여하는 것이다. 부여하는 일은 여러 가지다. 돈만이 아니다. 임무와 지식 그리고 인생의 새로운 전환 등등. 리더에게서 다양한 일을 부여받은 팀원들은 따라오게 된다. 리더의 명령에 따른 결과 좋은 일이 자신에게도 찾아온다. 그래서 리더는 존경을 받는 것이다.

우리는 같은 배를 타고 있다

우리는 항상 사원들에게 이렇게 이야기한다. "돈을 벌면 내가 제일 먼저 받는다. 그 다음 여러분들에게도 나누어 줄 것이다." 경영자와 사원의 이해는 일치한다. 회사가 돈을 벌어얻는 이익은 경영자뿐 아니라 사원에게도 돌아간다. 수익이늘면 보너스를 받게 되고 회사가 성장하면 사원 개개인의 대외적 위치도 올라간다. 당연한 일이지만 사원들은 의외로 그렇게 생각하지 않는다. 사장의 회사이기 때문에 이익을 내면사장 몫이라고 생각한다. 리스크는 모두 사장이 감당하기 때문이다. 이래서야 사원들의 사기가 떨어질 수밖에 없다.

사원들도 '경영자가 이익을 가장 많이 가져가는 것이 나쁜일이 아니다' 라는 정도는 알고 있다. 이 사실을 알고 있는 상태에서 사원 개개인에게 얼마의 이익이 배분되느냐가 중요하다. 그러므로 돈을 벌면 당신이 가장 많은 이익을 가져가면된다. 그리고 그 내용을 솔직하게 사원들에게 이야기하면 된다. 중요한 문제는 그 다음이다.

사원과 팀원들에게 나누어주는 과정이 필요하다. 자신이한만큼 이익을 받아야 한다. 이 부분을 명백히 해야 한다. 사장과 직원, 리더와 팀원은 서로 대립하는 관계가 아니다.

경영자 대 종업원이라는 사고방식은 오늘부터 버려라. 경영자와 종업원은 같은 방향을 바라보고 같은 목적을 향해 나아가야 하기 때문이다.

'우리는 같은 배를 타고 있다. 목적은 하나다.' 이 점을 기억해야 한다. 모두가 이것을 이해하고 있을 때 훌륭한 결과를 낼 수 있다. 그리고 배는 결코 침몰하지 않는다.

값어치를 높이는 리더

나누어주는 것은 돈이나 급여뿐이 아니다. 돈만 나누어준다고 좋은 것은 아니다. 돈을 나누어주었다고 하자. 처음엔 적은 보너스로도 만족할 것이다. 하지만 한계가 있다. 한번 올린 급여를 내리기란 쉽지 않고 그렇다고 계속 올려주기도 어렵다. 또한 사원들도 돈만 보고 일하지는 않는다.

급여는 중요하다. 생활이 가능하지 않고서는 일할 의욕이 나지 않기 때문이다. 그러나 돈으로 모든 것이 해결되지는 않는다. 오히려 그들이 '다른 것'을 원한다는 점에도 관심을 기울여야 한다. 다른 것이란 과연 무엇일까?

그들이 바라는 것은 '자신들의 위치(값어치)가 상승하는 것'이다. 급여가 아무리 올라도 회사를 그만두면 끝이다. 하지만 자신들의 위치가 상승하면 어디를 가도 일할 수 있다. 바꾸어 말하면 '자신의 값어치'를 올리고 싶다는 뜻이다. 장기적으로 볼 때 이것이 보다 안정적이라는 사실을 누구나 알고 있다.

사람은 자신의 값어치를 알아주고 또한 상승시켜 주는 리더를 따르고 싶어 한다. 그래야 자신의 장래도 안정적이고 즐거운 일이 되기 때문이다.

인간은 누구나 성장을 원한다. 자신의 가능성은 무한하다고 생각한다. 우리도 그렇고 당신도 그럴 것이다. 자신의 한계를 깨닫는 것처럼 슬픈 일은 없다. 단언하지만 인간은 죽을 때까지 성장한다. 따라서 조금이라도 자신의 능력을 이끌어내 줄 리더를 원하는 것이다.

리더는 사람을 가리지 않는다

〈약점을 강점으로 바꾸는 스매싱〉(chapter 3)에서 소개한 후지타를 기억하는가. 히로타가 경영하는 회사 서티스 홈의 명물이다. 그는 한자를 읽지 못한다. 당연히 쓰지도 못한다. 이야기는 어느 정도 할 수 있지만 조리 있게 말하지 못한다. 다시 말해서 바보라고나 할까, 어쨌든 영리하지 못하다. 공부와 거리가 멀어서라기보다는 도저히 공부를 할 수 없는 타입이다. 사장인 히로타도 중졸로서 공부도 못했다.

10년 전의 후지타는 눈뜨고 봐줄 수 없을 정도였다. 술을 먹고 가게를 난장판으로 만드는가 하면 깨진 유리창 위에서 피투성이가 되어 쓰러져 있곤 했다. 폭주족과 난투극을 벌이기도 했다. 일일이 말할 수가 없을 정도였다. 어떤 때는 때린 사람의 자동차 위에 올라가 원숭이처럼 뛰어내렸다. 킹콩 영화 같다며 지켜보던 히로타가 대신 변상해준 때도 있었다.

중졸로 술만 먹으면 주정을 하는 바보를 당신이라면 얼마에 고용하겠는가? 한자는커녕 글자도 전혀 모른다. 그리고 당신이 후지타의 윗사람이라면 한 달에 한 번 정도는 경찰서나 음식점에 찾아가서 사과를 해야 한다. 그런 그를 연봉 얼마에 고용하겠는가? 아니, 당신은 아마도 그를 고용하지 않을 것이다. 그러나 히로타는 달랐다.

지금의 후지타를 "팝니다" 하고 내놓으면 연봉 3000만 엔은 받아야 할 것이다. 게다가 서로 데려가려고 경쟁할 것이다. 후지타의 행동은 똑바르게 변했고 술주정 따위는 더 이상 하지 않는다. 정신적으로도 성숙했다. 그리고 3년째 일본 최대 주택단체에서 뽑은 영업 성적 전국 3위를 기록하고 있다.

후지타가 주택 관계 세미나에 참석하면 다른 회사 영업사원이 그에게 다가와 카리스마 넘치는 그의 기운을 달라고 애원한다. 그는 낙오자에서 유명인으로 변신했다.

현재 그는 연간 36개 동의 계약을 성사시키고 있다. 36개 동이라고 하면 한 동에 평균 1800만 엔이라고만 해도 6억 엔에 이르는 고액이다. 그것을 혼자 힘으로 이루어낸다.

일반적으로 건축회사에서는 연간 12개 동의 실적을 올리는 사람을 베스트 세일즈맨으로 인정해 연봉 1000만 엔 이상의 급여를 지급한다. 후지타는 단순하게 따져도 그 세 배는 족히 된다. 게다가 히로타의 마케팅을 모두 숙지하고 있다. 항상 옆에서 지켜보기 때문이다. 단, 어디까지 기억하고 있는지는 알 수 없다. 아무튼 연봉 3000만 엔도 아깝지 않다. 후지타는 바보에서 연봉 3000만 엔 이상을 받는 바보로 점프했다.

팀원의 승리가 리더의 승리다

히로타는 어떻게 후지타를 변화시킬 수 있었을까? 먼저 히로타는 후지타의 일상생활을 철저하게 관리했다.

말투에서 마시는 술까지 모두를 그 대상으로 삼았다. 일본어 학원에 보내 글을 배우게 하고 글을 싫어하는 그를 위해 만화를 읽게 했다. 이야기를 제대로 할 수 있도록 쉬지 않고 트레이닝을 시켰다. 영업할 때 이야기할 시나리오를 만들어서 반복 연습까지 시켰다. 처음에는 같이 영업을 나가 히로타가 하는 것을 전부 기억하게 했다. 후지타가 전화할 때 컨닝 페이퍼를 만들어 보여주며 조언해주었다. 의욕을 잃을 때는 놀러 데리고 나가고, 게으르면 큰소리로 꾸짖고, 계약이 성사되면 하이파이브를 하며 기뻐해주었다. 그리고 후지타의 장점─포기하지 않는 정신과 고객을 생각하는 마음─을 적극적으로 칭찬했다. 낙담해 있을 때나 무엇인가 결단을 내려야 할 상황이 되면 후지타 자신에게 맡겼다.

'당신은 어느 쪽인가? 뛰어나다고 칭찬 받는 사람과 대수

롭지 않다고 여겨지는 사람 둘 중에 어느 쪽을 선택할 것인가?' 사람은 자신이 선택한 쪽을 따른다. 그래서 선택하게 되는 것이다.

후지타는 항상 사람들이 '대단하다'고 생각하는 인간만을 선택했다. 그래서 자기 자신을 이기고 성장할 수 있었다. 후지타는 자신감을 갖게 되었고 '하면 된다'는 사실을 깨달았다.

리더는 뛰어난 코치가 되어야 한다. 팀원의 장점을 키워주고 승리할 수 있도록 격려해야 한다. 여기서 말하는 승리란 누군가에게 이기는 것을 말하는 것이 아니다. '어제까지의 자신'에게 이기는 것을 말한다. 일단 승리감을 맛본 사람은 이기는 방법을 알게 된다. 그렇게 되면 그 다음부터는 승승장구다.

작은 목표를 정하고 하나씩 이루어나간다. 그렇게 자신에게 이기는 방법을 몸에 익힌다. 작은 승리를 축적해나가다 보면 자신도 모르는 사이에 자신이 성장해 있는 모습을 발견하게 된다.

히로타는 선수 시절 자신의 코치로부터 그것을 배웠다. "선수가 자신감을 갖고 할 수 있게 되면 그것은 지도자의 승리, 자신감을 잃고 무너지면 지도자의 실패다." 코치는 항상 이렇게 말했다. 히로타는 1년 이상 후지타를 단련시켰다. 당시엔 팀원이 적었기에 가능했을 수도 있다. 후지타도 착실하게 따라와 주었다. 2인 3각 트레이닝으로 한 사람의 인생이 변했다.

후지타는 히로타에게 받은 부적을 지갑에 넣고 다니며 자신감이 없어졌을 때 꺼내보곤 했다.

"너라면 할 수 있다. 가능하다."

히로타가 써 준 메모였다. 닳고 닳아 잘 읽을 수 없게 된 그 종이를 후지타는 지금도 소중하게 간직하고 있다.

끊임없이 자신의 값어치를 반문한다

후지타는 3000만 엔 이상에 팔린다. 팔 생각은 없지만 그 정도로 성장했다. 사원이 슈퍼 영업맨이 되면 사장만 기쁜 것이 아니다. 다른 사원들과 사원 가족들에게도 좋다. 그리고 무엇보다도 사원 본인이 기쁘고 득이 된다. 멋진 가치를 얻은 것은 사실 다른 그 누구도 아닌 바로 자신이기 때문이다.

"후지타뿐 아니라 우리 팀원들은 모두 값이 비싸요!"

히로타는 마치 인신매매인처럼 이렇게 말한다. 히로타의 스태프 중에는 연간 매출 20억 엔을 올리는 회사를 맡고 있는 고바야시와 후지타 이상으로 매출을 올리는 구보 그리고 전국 매출 실적 10위 안에 드는 영업사원이 둘이나 더 있다. 그들은 처음부터 우수한 사람들이 아니었다. 그러나 모두 후지타처럼 노력하여 자신의 값어치를 올렸다.

팀원들의 위치가 올라가고 사업을 맡길 수 있게 되면 경영자는 또 다른 사업에 도전할 수 있다. 여러 사업을 같이 할 수 있는 하나의 포인트가 된다.

무엇보다 팀원들의 위치가 올라가기 때문에 리더의 레벨도 올리지 않으면 오히려 처지는 결과를 낳을 수 있다. 스태프들의 가치를 올려주는 일이 리더의 주 업무 중 하나다. 하지만 동시에 리더 자신도 끊임없이 도전해 자신의 가치를 올려야만 한다.

항상 '만약 나를 판다면 얼마일까?'라고 자문해봐야 한다.

완벽하게 배웠으면 졸업하라

우리는 여러 가지 사업을 하기 위해서라도 스태프들을 사장으로 키우고 있다. 그리고 이미 여러 명의 사장을 길러냈다. 그들은 졸업생이다. 이런 '졸업'이 우리의 테마다. 하나의 일을 마스터하면 졸업하고 다음 단계로 옮아간다. 그렇게 하여 단계적 변화가 눈에 띄는 것이다.

'졸업'한다는 것은 버리는 것이기도 하다. 구체적으로 말하면 다음과 같다. 예를 들어, 주택 부문의 스태프라면 일단 현장을 알게 한다. 그리고 7년 정도 지나 그 일들을 배우고 나면 현장에서 졸업을 시켜 영업을 배우게 한다. 현장 지식이 가미된 영업 지식을 익히게 하기 위해서다. 그러면 언제라도 독립할 수 있게 된다.

대개 주택 회사들은 스태프들에게 '현장'과 '영업' 가운데 한 가지만 가르친다. 모두 가르쳐 놓으면 그들이 독립할까 두

려워서이다. 그러나 상술의 기본은 '만들게 하고, 팔 수 있게' 하는 것이다.

'만들다'와 '판다'는 일이 가능해지면 누구라도 혼자서 장사를 할 수 있다.

성공할지 여부는 별개의 문제다. 힘들게 가르쳤는데 독립을 해버리면 곤란하기 때문에 사원들에게 한 쪽만을 가르치는 것이 보통이다. 그래야 사원들을 오래도록 부릴 수 있다. 그러나 우리의 생각은 달랐다. 독립할 수 있는 능력을 가진 자들이 필요하다고 믿었다. 누구에게 기대지 않고 홀로 설 수 있는 인간, 즉 자신의 발로 완벽하게 설 수 있는 사람, 언젠가는 자신의 영역을 주도할 수 있는 야심을 가진 사람과 함께하고 싶었다. 그래서 '만들고, 파는 것'을 가르친 다음 경영과 마케팅을 가르쳤다. 그리고 독립해서 '성공할 수 있는' 기술도 몸에 익히도록 했다. 언제 어디를 가더라도 어느 정도의 성공이 가능하도록 만들었다.

독립하고 싶은 인간은 독립시키면 그만이다. 독립 자금이 없으면 내주면 된다. 그 출자금에 따라 배당금을 받으면 좋을 일이다. 오히려 독립시켜 받는 배당이 훨씬 손쉬운 일일지도 모른다. 무엇보다 스태프가 독립해서 다른 곳으로 가버리는 일은 '동료로서의 장점'이 없기 때문에 생긴다. 이것은 전적으로 리더의 책임이다.

자신을 부단히 갈고 닦아 팀원으로부터 '저 사람처럼 되고 싶다, 함께 일하고 싶다' 는 소리를 들을 수 있으면 그것으로 족하다. 멋진 일만 있는 것은 아니지만 우리는 언제나 그렇게 되고 싶다.

히라는 독립을 원하는 사람에게 독립자금을 내준다. 그리고 자신의 아이디어를 그 스태프에게 맡기고 여러 개의 회사를 경영한다. 솔직히 히라가 아무것도 하지 않아도 그 회사들로부터 받는 돈만으로 풍족하게 쓰고도 남는다. 그렇지만 히라는 도전을 멈추지 않는다. 그렇기 때문에 독립한 리더들도 히라를 따르는 것이다.

최강 팀의 연봉

히라의 회사에 타카노라는 사람이 있다. 히라는 그에게 1억이 넘는 독립자금을 내주고 한 회사를 맡겼다. 그만큼 히라에게 인정을 받았다는 뜻이다. 타카노는 독립 이야기가 나왔을 때 히라에게 이렇게 말했다.

"전 독립해서 저 자신만을 위해 일하고 싶은 것이 아닙니다. 사장님께서 맡기신 회사를 일생 동안 지키고 싶어 제안을 받아들였습니다."

그가 바라는 것은 월급이 아니었다. 사장이라는 지위도 아니었다. 히라는 그에게 독립자금과 월급, 지위보다 훨씬 높은 대가를 지불한 것이다.

우리가 스태프들에게 지불하는 대가란 대체 어떤 것일까. 가령, 후지타의 경우를 보면 그는 돈 때문에 일하는 것이 아니다. 그의 연봉이 얼마라고 생각하는가? 연간 6억 엔의 매출을 올리는 전국 최고의 세일즈맨 수입이다. 우리가 '우리 식구들은 비싸다'라고 하면 연봉을 많이 준다고 생각하기 쉽다. 그러나 사실은 그렇지 않다. 스태프를 인신매매하듯 파는 일과 무엇이 다른가. 적은 비용을 들이는 주택회사에서 높은 연봉을 주기는 어렵다. 연봉을 많이 주면 경비가 너무 많아지기 때문이다. 후지타의 연봉은 기껏해야 600만 엔이다. 연간 6억 엔의 매출을 올려도, 계약 건 수 하나 없어도 액수는 똑같다.

후지타는 영업을 시작해서 1년째 매출 제로였다. 한 동의 계약도 성사시키지 못했다. 그렇지만 6억 엔의 매출을 올리는 지금이나 그 때나 연봉은 똑같다. 영업사원의 경우 실적에 따른 연봉제가 보통이지만 히로타의 경우는 실적제가 아니기 때문이다. 따라서 아무리 계약을 많이 올려도 연봉은 같다. 하지만 많은 실적을 올리는 그에게 연봉을 올려주고 싶어 물어봤다.

"이보게, 자네 이제부터 실적급을 주려고 하는데 어떻게 생각하나?"

히로타는 후지타가 좋아할 것이라 생각하고 물었지만 그는 슬픈 표정으로 이렇게 말했다.

"회장님! 저를 그만두게 하실 생각이십니까?"

히로타는 더 이상 말하지 않았다.

"이 이야기는 다음에 하기로 하지."

"감사합니다!"

우리말을 하고 있다는 생각이 들지 않았다. 그는 이따금씩 히로타를 다른 세계로 이끈다. 나중에 그 이유를 자세히 들은 후에야 그의 생각을 이해할 수 있게 되었다. '돈을 받는다 ▶ 자신이 돈으로만 판단된다 ▶ 돈으로 해결한다 ▶ 정신적인 유대감이 없어진다 ▶ 동료 세계에서 배척된다'와 같은 그 나름의 생각이 있었다. 이런 이유로 어떤 회사도 후지타를 3000만 엔에 사 갈 수 없다.

그가 열심히 일하는 이유는 돈이 목적이 아니기 때문이다. 연봉 600만 엔이라도 '플러스 알파'가 있다. 그래서 후지타는 히로타의 회사에서 일하는 것이다. 스태프에게 지불하는 돈 이외의 '플러스 알파'도 대가다.

대가란 돈뿐만이 아니다. 여러 가지가 대가가 될 수 있다. 리더는 이것을 알 필요가 있다. 이것은 사원에 한정되지 않는다. 외주 업자도 마찬가지다. 그들 역시 팀원이기 때문이다.

보너스 봉투에 들어 있는 것

히로타의 회사에서는 연말에 직원 100명 정도가 모여 송년회를 연다. 송년회를 하는 회사는 많지만 히로타는 약간 변형을 한다. 그 한 가지를 보면 직원 하나하나의 이름을 호명하며 그들에게 보너스를 준다. 보너스 액수 자체는 대단하지 않다. 그러나 봉투 수여는 화려하다. 한 사람씩 단상에 올라 모두의 박수를 받으며 보너스를 받는다. 대부분의 경우 외주 업자나 직원들에게는 보너스가 없다. 받을 생각도 하지 않는다. 그렇기 때문에 생각지 못한 보너스를 받으면 마음으로 기뻐하며 더 열심히 일하게 된다. 보너스는 직원을 위해서라기보다 회사를 위한 일이다. 그 결과는 수십 배가 되어 다시 회사로 돌아오기 때문이다.

일반 사원에서 시작한 히로타는 그 사실을 너무도 잘 알고 있다. 직원들은 보너스 수여식 사진을 자기 집에 진열해 놓기도 한다. 직원 가족은 "아버지, 대단해요! 좋아요!"하며 그 직원을 자랑스럽게 여긴다. 어느 직원은 너무 아까워서 보너스로 받은 돈을 쓸 수 없었다고 했다.

그들은 일로써 회사에 보답한다. 연간 매출 신장률이 6년째 130%, 고객 소개율 37%를 자랑하는 서티스 홈의 비밀은 마케팅뿐만 아니라 이런 점에도 숨어 있다.

중요한 것은 돈의 액수가 아니다. 직원들이 본사의 회장과 사장으로부터 받은 감사의 말과 자부심, 그것이야말로 봉투 안에 들어 있는 돈보다 더 큰 가치가 있다.

방패가 되어 주어라

구보라는 사람이 있다. 그는 원래 섀시 회사 경영자였다. 하청이란 무척 어려운 일이다. 자신들이 아무리 노력해도 원청업체가 도산해버리면 수주 받은 금액은 모두 그대로 빚이 된다. 구보 역시 원청업체가 도산하면서 부도를 맞을 위기에 직면했다. 자신은 전혀 나쁜 짓을 하지 않았어도 그렇게 되는 현실이 하청업체의 운명이다. 더 이상 하청업체 운영이 어렵다고 본 구보는 히로타에게 상담을 요청했다. 히로타는 채권을 가진 업체를 불러 직접 담판했다.

"서티스 홈의 물건을 모두 그 쪽으로 돌릴 테니 구보의 회사를 도산시키지 마시오. 관리는 당신들이 하시오. 우리에게 영업 행위를 할 필요는 없소. 무조건 발주를 하겠소. 그렇게 나온 일체의 이익과 경비는 채권과 상계합시다."

업체로서는 그 이상의 제안이 없었다. 오히려 원하는 바였다. 단, 히로타는 한 가지 조건을 붙였다.

"그 대신 구보는 우리가 데려간다."

히로타는 이전부터 구보를 탐내고 있었다. 섀시 업체로서는 망설일 이유가 없었다. 그대로 놔두면 2차 부도를 맞고 채권은 종이조각이 될 판이다. 그러나 히로타의 제안대로 하면 연간 100동 이상의 섀시 수주가 들어오게 되어 있었다. 앞뒤 가릴 것 없이 그 제안을 받아들였다.

구보가 주택 영업으로 전환했을 때가 마흔 일곱이었다. 그

나이가 되어 경험도 없는 일로 바꾼다는 것은 보통의 노력으로는 극복하기 어렵다.

배려는 다른 사람을 위한 것이 아니라는 말이 있다. 다른 사람을 지켜주면 자신도 도움을 받게 되어 있다. 구보는 행동으로 갚았다. 구보는 후지타를 능가하여 다음 시즌에 40개 동을 수주했다. 영업 성적 개인부 전국 2위에 빛나는 엄청난 실적이다.

"회장과 같은 관에 넣어주세요"

발리에서 세미나가 열렸을 때 일이다. 히로타는 그곳에서 '세일즈'에 관한 이야기를 했다. 세일즈 이야기였기 때문에 자사의 경영인을 한 사람 데리고 갔다. 서티스의 괴물 아니, 명물인 후지타가 장본인이다. 그 후지타에게 누가 한 가지 질문을 했다. 예정보다 두 시간이나 길어진 세미나가 끝날 때쯤 질의응답 시간의 마지막 질문이었다.

"후지타 씨! 만약 히로타 회장님과 만나지 못했다면 어땠을 거라고 생각하나요?"

이 질문에 후지타는 약간 주저했지만 이내 이렇게 대답했다.

"저는 회장님 덕분에 인생이 바뀌었습니다. 회장님과 만나지 못했다면 전 이미 어디선가 비참한 죽음을 맞이했을지도 모릅니다. 회장님과 일을 하고 싶어서 주택 일을 하고 있습니다. 만일 회장님이 다른 일로 전환한다면 저도 따를 것입니다. 어떤 직업이라도 좋습니다. 함께 일할 수 있다면 무엇이라도 상관없습니다."

후지타의 눈에 눈물이 고였다.

"만약, 회장님이 돌아가시면 같은 관에 넣어주세요, 라고 부탁하고 있습니다."

스태프에게 지불하는 대가는 돈만이 아니다. 후지타는 히라에게 기회와 신뢰를 받고, 구보는 히로타에게 인생의 전환이라는 대가를 받았다. 이 모든 것이 대가가 되는 것이다.

사람들이 목숨까지 버리는 것

다른 사람을 움직이게 하는 것은 돈도 칭찬도 아니다. 칭찬을 준다는 그 기분 자체에 사람은 움직인다. 자신의 위치를 끌어올려줄 그런 사람을 따르게 되어 있다.

자신을 성장시켜줄 리더, 값어치를 올려주고 인생의 전환점을 마련해주는 리더 그리고 무엇보다 '이 세상에서 자신을 가장 잘 이해해주고 평가해주는 리더'를 추종한다. 그런 리더를 위해서는 기꺼이 목숨까지도 던진다.

마케팅 기술도 중요하다. 하지만 그것이 전부가 아니다. 뛰어난 리더가 될 수만 있다면 당신 주변에는 다양한 기술들을 가진 우수한 인재들이 모여들고 당신은 자신이 갖고 있는 한계를 뛰어넘어 훌륭한 결과를 만들어낼 수 있다.

자신을 먼저 채워라

'부여하는 자는 왕이다' 라는 말이 있다. 다른 사람에게 무엇을 부여한다는 일은 좋은 것이다. 그러나 다른 사람에게 주고 자신이 줄어들면 그 관계는 오래 지속되지 않는다. 대부분의 사람들이 이렇게 생각한다.

'일단은 주지 않으면 안 된다. 먼저 자신을 희생하지 않으면 안 된다.' 희생하면 할수록 줄 수 있는 것은 줄어든다. 예를 들어 비행기에서 문제가 발생했다고 하자. 비상벨이 울리며 산소마스크가 떨어질 경우 설명서에는 부모가 먼저 마스크를 쓰고 그 다음 아이에게 씌우도록 되어 있다고 한다. 아이에게 먼저 씌울 경우 부모가 죽어버리면 결국 모두 죽을지도 모르기 때문이다.

자신을 희생해서 다른 사람을 돕는 일이 모양은 좋아 보이지만 오래 지속할 수 없다면 의미가 없다. 자신의 에너지가 충만해 있을 때 비로소 다른 사람에게도 줄 수 있다는 점을 명심했으면 한다. 이것은 자신이 모든 것을 가지라는 말이 아니다. 우선은 자신이 먼저 충분해야 한다는 뜻이다. 그래야 다른 사람에게도 계속 베풀 수가 있다. 자신에게 없는 것은 베풀 수 없다. 따라서 자신을 채우는 데 저항감을 갖거나 두

려워해서는 안 된다.

히라는 자신이 직접 행한 '1년에 수입을 3배로 늘리는 프로젝트'의 참가자를 백여 명이 넘게 하와이로 초대했다. 물론 여행 경비와 호텔비는 히라가 모두 부담했다. 약 3000만 엔을 직접 내서 참가자들에게는 단 한 푼도 지출하지 않게 했다. 히라 자신에게 금전적 여유가 없었다면 불가능한 일이다. 마지막 송별 파티 때 참가자들의 눈에는 감사와 감동의 빛이 가득했다. 그 하와이 여행이 그들에게는 인생의 전환점이 될 수도 있다. 그리고 히라도 행복한 시간을 보낼 수 있었다. 참가자 모두는 〈하와이의 불우 이웃들에게〉라는 모금을 했고 하와이 주로부터 감사장을 받았다.

준다는 것은 결코 다른 사람을 위해서가 아니다. 다른 사람에게 베풀면 자신에게도 돌아온다. 전혀 다른 형태가 될지라도 그것은 언제 어디선가 돌려받게 되어 있다.

인간은 혼자서는 성공할 수 없다. 자신의 주변 사람들에게 무엇인가 베풀 것이 없는지 항상 생각해야만 한다.

그것은 당신에게 반드시 되돌아온다. 그리고 사람들은 당신을 성공의 길로 안내할 것이다.

아무도 모르는
억만장자의 비밀

성공하는 사람의 집중력

마지막으로 하나에 집중하는 힘에 대해 이야기하겠다. 동서
고금을 막론하고 성공한 사람들은 모두 집중력이 뛰어났다.
잭 니클라우스는 우승 퍼트 순간 모자가 날아가는 것도 느끼
지 못했다고 했다. 에디슨은 자신의 이름을 잊어버린 적도 있
었다고 한다. 히라는 함께 쇼핑을 하러 간 어머니를 잠시 잊
은 적도 있다.

어느 날 히라가 세일즈 카피를 생각하며 비행기에서 내려
공항 화장실에 들어갔을 때 이야기다.

히라는 무엇인가 집중하여 생각할 때는 주변의 아무것도
들어오지 않는다. 그날도 생각에 잠겨 화장실에서 볼일을 보

고 있다가 이상하게 변기가 작다는 생각이 언뜻 들었다. 그 순간 여자의 비명 소리가 울려 퍼졌다.

"여기서 뭐하는 거예요?"

"으악, 변태다!"

"누가 좀 와 봐요. 경찰!"

그곳은 여자 화장실이었다. 여자 화장실에도 아이용 남자 변기가 있다. 히라는 거기서 볼 일을 보고 있었던 것이다. 히라는 비명을 지르는 여자들을 힐끔거리며 뒷걸음질쳤다. 그리고 출구를 나와서는 재빨리 도망을 쳤다. 억만장자가 치한으로 몰려서야 말이 되겠는가.

히라가 멘토에게 그 이야기를 하자 "다행이네요. 나 역시 세일즈 카피를 생각하다 두 번 정도 실수한 적이 있었죠"라고 했다.

히라의 멘토는 미국인 마케터로 그의 카피라이팅은 한 장에 수백만 달러를 호가한다. 6개 국어를 자유자재로 구사하는 그는 미국의 유명한 마케터들과 마스터 마인드 그룹을 구성하고 있다. 그런 그도 히라처럼 집중하면 '주위가 시야에서 사라진다'고 한다. 성공한 사람들은 그 정도로 목적과 목표에 달려들면 절대 한눈을 팔지 않는다.

성공하고 싶다, 무엇인가 열심히 하고 싶다고 결심하는 사람들은 많다. 그러나 마지막까지 그것을 지키는 사람은 적다. 옆을 보지 않고 오로지 목표만을 향해 달려가는 사람만이 목표에 집중하는 힘, 그것을 이루어내는 힘을 갖게 된다.

목표를 갖고 그것만을 향해 집중하는 힘. 성공하는 사람의 소질이라면 바로 이것이다. 히라는 지금까지 다섯 번 정도 구급차에 실려 간 경험이 있다. 그렇다고 당신에게 죽을 만큼 열심히 일하라고 강요할 생각은 없다. 아무나 쉽게 따라 할 일도 아니다. 하지만 무엇인가 하기로 마음먹었다면 한눈 팔지 않고 끈기 있게 나아가야 한다. 그런 사람만이 맨주먹으로 부자가 될 수 있다.

계속 이어지는 도전 신화

히로타가 처음 내 회사를 방문했던 날, 나는 히로타에게 한 장의 팩스를 보냈다.

〈히로타 씨는 주택업계의 별이 될 것 같은 기분이 듭니다. 열심히 합시다!〉

히로타는 아직도 그 팩스를 소중하게 간직하고 있다.

"나는 그 말 때문에 오늘 여기까지 왔다고 생각합니다"라고 히로타는 말한다.

이것 말고도 히로타에게는 보물이 있다. '허리케인 조' 그림이다. 예전에 나는 재가 될 때까지 열심히 일하겠다고 결심하고 허리케인 조 그림을 샀다. 창업했을 때부터 함께 한 그림이다. 그리고 내가 이전 저서인『보통 사람의 역습』을 출판

할 때 그 그림을 히로타에게 넘겨주었다. 그래서 지금은 히로타가 허리케인 조 그림을 갖고 있다. 뒷면에는 우리 두 사람의 사인이 있다. 히로타 역시 나처럼 허리케인 조를 보면서 열심히 노력했다. 덕분에 대단한 성공을 이루었다. 우리는 허리케인 조를 다음 누군가에게 넘겨주지 않으면 안 된다.

우리는 해외에 거점을 마련하기로 했다. 일본에서의 활동은 대부분 후진들에게 맡겼다. 그렇기 때문에 지금이 누군가에게 '허리케인 조'를 넘겨줘야 할 때라고 생각한다. 그리고 그가 반드시 성공해서 그것을 다음 사람에게 넘겨 주었으면 한다. 그가 바로 이 그림의 주인이다. 이것이 성공의 패턴이다.

이 책을 읽고 자신이 그 장본인이라고 믿는 사람은 모두 다 후보자들이다(만약 그때까지 그림의 주인이 나타나지 않는다면). 우리 같은 보통 사람의 '역습'은 이미 끝났다. 앞으로는 역습이 아니라 보통 사람의 '야망'의 시작이다.

언젠가 수십 년 뒤 ─ 우리가 죽었을지 살았을지 모르지만 ─ 누가 '허리케인 조'를 갖고 있을지 그리고 얼마나 많은 사인이 들어가 있을지 이런 생각만 해도 우리는 아주 행복하다.

당신도 야망을 가져라! 진심으로 기원한다.

제대로 쓰기 위해서 번다

히라는 수입의 10%를 기부하고 있다. 그러나 자신의 입으로 말하지는 않는다. 알고 있는 사람은 나와 그의 멘토인 미국인 마케터뿐이다. 그 멘토도 똑같이 '10% 기부'를 하고 있다. 멘토는 억만장자이면서도 항상 샌들만 신고 다닌다(함께 스웨덴 스톡홀름에 갔을 때는 너무 추워 구두를 샀지만). 그는 예전에 자원봉사자로 빈민국들을 돌아다닌 적이 있다. 그때 만난 아이들은 신발이 없어 맨발로 다녔다. 그는 새 신발을 생각할 때마다 은행으로 걸어 들어가 그때 만났던 아이들에게 돈을 보낸다. 샌들을 신은 억만장자. 멋지지 않은가! 이 두 사람의 수입 10%는 상당한 액수다. 사실 나는 히라에게 종종 이렇게 권한다.

"선생님! 기부하는 사실을 알리면 어떻습니까?" 그러면 그는 "그것은 의미가 없습니다"라며 가볍게 넘겨버린다. 이 책의 출판이 결정되었을 때 그 이야기를 쓰게 해달라고 부탁했지만 히라는 거부했다. 사람들에게 알리고 싶지 않다고 했다. 그렇지만 내가 이야기한다고 해도 문제될 것은 없다고 생각한다.

히라는 목표를 향해 지나치게 몰두한 나머지 주위로부터 오해를 받는다. 그렇다고 핑계를 대지도 않는다. 그래서 나는 이 이야기를 쓰고 싶었다. 억만장자도 인간이다. 좋은 점도 있지만 나쁜 점도 있다. 그러나 주위에 잘 보이지 않는 실제 모습을 조금이라도 알아주었으면 한다. 그래야 '히라'를 꿈꾸는 사람도 기뻐할 수 있고 응원해 주는 사람도 나올 것이다.

우리가 돈을 버는 목적은 무엇인가? 특별히 기부를 위해서 돈을 벌지는 않는다. 그러나 우리가 돈을 벌기 때문에 또 다른 누군가가 도움을 받을 수도 있다. 세계의 모든 나라들이 어려운 사람들을 균등하게 도와준다면 그럴 일도 없을 것이다. 하지만 세계의 모든 고통에 빠진 사람들의 생활을 보면 이상과는 몹시 다르다. 자신이 '여기라면 유용하게 쓰일 것 같아 기부하고 싶다'고 분별할 수 있는 힘도 돈을 버는 목적의 하나가 아닐까 한다. 또 한 가지, 히라가 마음속으로 정하고 있는 것이 있다. 자신이 죽으면 재산 전부를 기부하겠다는 소망이다. 멋진 이야기를 할 생각은 없다. 아이들도 있을 테니 아이들이 생활할 수 있을 정도는 남길 것이다. 그러나 그 이상의 돈은 필요치 않다고 생각한다. 히라가 한번은 아내에게 이렇게 말했다.

"나는 내 인생 전부를 돈을 버는 데 썼어. 그렇지만 그것은 단지 도전일 뿐이야. 내 자신의 가능성을 확인하고 싶을 뿐이지. 그래서 말인데 나중에 전 재산을 모두 기부하고 싶은데 괜찮겠어?"

부인은 그 즉시 대답했다.

"그럼 더 열심히 버세요."

히라가 진정으로 목표로 삼은 사람은 도널드 트럼프도 빌 게이츠도 아니다. 죽었을 때 전 재산을 기부한 앤드류 카네기다. '부자인 채로 죽는 일은 부끄러운 일이다.' 모든 것을 기부한다. 그것이 사실인지 아닌지는 히라가 죽었을 때 비로소 판가름이 날 것이다. 나도 그렇게 하고 싶다. 스승을 능가하기란 멀고도 힘든 일이다.

히로타 야스유키

히라 히데노부

1959년 일본 나가노 현에서 태어났다. 20년간 건설회사의 현장감독으로 일하다 2000년에 엘하우스라는 주택회사를 차려 독립했다. 10명의 사원으로 시작해 창업 3년 만에 매출 10억 엔의 주택회사로 키워 냈으며, 독립 6년 만에 총매출 73억 엔을 달성했다. 2002년 주식회사 네크와 업무 제휴하여 〈로우-코스트 주택연구회〉를 설립, 전국 각지의 303개 회사가 참여하는 급성장을 이뤄냈다. 2003년 주식회사 인프로빅을 설립해 마케팅 컨설턴트로서 많은 성공 사례를 낳았다. NPO 주택 법률 상담실 이사장이며 1급 건축사이기도 한 그는 현재 자신이 개발한 마케팅 방법을 가르치며 후진 양성에 전력을 기울이고 있다. 2006년 뉴욕 맨해튼에 ASKAMAN-HATTAN.CO.LTD를 설립하고 부동산 사업, 통판 사업으로 발을 넓히며 기업가 겸 마케터로 왕성하게 활동 중이다.

히로타 야스유키

1963년 일본 미에 현에서 태어났다. 중학교를 졸업한 후 프로 킥복싱 선수, 바텐더, 액션 스턴트맨 등 12가지가 넘는 직업을 전전하다 2000년 히라 히데노부와 만나면서 기업가로 독립했다. 그가 설립한 주식회사 서티스홈은 2004년, 2005년 연속 신세대 하우스 등록 동수 전국 2위, 일본 홈빌더 주관의 〈주택회사 전국조사 2006〉에서 스태프 1명당 건설 동수 전국 1위의 실적을 냈다. 스태프를 길러내는 리더십이 뛰어나다는 정평이 나 있다. 주식회사 히로타 야스유키 사무소 대표, 주식회사 CI 비즈니스 컨설턴트 회장, 주식회사 서티스홈 회장인 그는 NPO 주택 법률 상담실 부이사장과 미국 법인 ASKAMANHATTAN.CO. LTD의 부사장도 맡고 있다. 현재 비공개 회원제 클럽인 히로타 기숙사를 열어 차세대 경영자 육성에 힘쓰고 있다.

옮긴이 **지세현**

고려대학교 신문방송학과를 졸업하고, 일본 조오지대학교에서 신문학 석사학위를 받았다. 서울방송 기획단을 거쳐 현재 집필과 번역을 하고 있다. 지은 책으로『아내의 겨울』옮긴 책으로『도쿄대 공부법』『말의 트릭』『이웃집 남자』『최고가 되는 길』『나를 위한 마케팅』등이 있다.

히라와 히로타의 일급비밀

ⓒ 들녘 2007

초판 1쇄 발행일 2007년 7월 5일

    지은이 히라 히데노부 · 히로타 야스유키
    옮긴이 지세현
    펴낸이 이정원

책임편집 김인경

  펴낸 곳 도서출판 들녘
등록일자 1987년 12월 12일
등록번호 10-156
    주소 경기도 파주시 교하읍 문발리 파주출판단지 513-9
    전화 마케팅 031-955-7374   편집 031-955-7381
팩시밀리 031-955-7393
홈페이지 www.ddd21.co.kr

ISBN 978-89-7527-576-0(03320)